1. Auflage 2004
ISBN 3-89883-084-5

Autor	Ralf Zacherl
Co-Autorin	Manuela Ferling
Fotografie	Florian Bolk
Foodstyling	Wolfgang Müller
Grafische Gestaltung	Barbara Markwitz
Redaktion	Gerti Köhn, Eva Abenstein
Redaktionelle Mitarbeit	Julia Gröner, Karl König, Martina Rother, Anja Schöber
Herstellung	Karin Mayer, Peter Karg-Cordes
Lithografie	inteca Media Service GmbH, Rosenheim
Druck und Bindung	Mohn Media · Mohndruck GmbH, Gütersloh

Besuchen Sie uns auch im Internet unter **www.zsverlag.de**

Zacherl, einfach kochen!

PASTA

ZABERT
SANDMANN

Inhalt

Selbst gekochte Gerichte machen glücklich

Man wächst mit seiner Aufgabe. Ich glaube, je älter man wird, desto mehr erkennt man, wie viel Wahrheit dieser Satz in sich birgt.
Natürlich ist es auch wichtig, Ziele zu haben und diese mit möglichst viel Liebe und Spaß an der Sache zu verfolgen. Zu meinen Zielen gehört ohne Frage, die Freude am Kochen zu wecken und einen Beitrag dazu zu leisten, dass in Deutschlands Küchen wieder mehr selbst gekocht wird.
Das »Größte« wäre, wenn der Genuss einen wirklich zentralen Stellenwert in unserem Leben einnähme. Mit allem, was dazugehört: dem Spaß beim Einkaufen der Zutaten, der Vorfreude aufs Kochen und natürlich der Lust aufs Essen. Ich finde, Geiz auf Kosten der Qualität bei Lebensmitteln ist »ungeil«. Unsere schnelllebige Zeit hat zwangsläufig auch schnelles Essen mit sich gebracht: Fastfood, Dosengerichte, Gerichte für die Mikrowelle. Sag niemals nie – das gilt auch in der Küche: Deshalb sind hie und da kleine Helfer, wie etwa Fertigsaucen, durchaus erlaubt, und ab und zu ist auch Fastfood okay. Aber so richtig glücklich machen kann man nur mit selbst gekochten Gerichten.

Hauptsache, die Basis stimmt!

Ein guter Vorrat ist die halbe Miete. Füllen Sie Ihren Küchenvorrat mit Basics für Ihre Pastaküche, z. B. mit gutem Olivenöl, Aceto balsamico, Zwiebeln, Knoblauch, Dosentomaten, Gewürzen und Kräutertöpfen.
Bei meinen Nudelgerichten spielt eher das »Drumherum« die Hauptrolle. Denn was wären schon Nudeln ohne die entsprechende Begleitung? Fantasie ist Trumpf! Ob Pesto-Kreationen, Fleisch-, Tomaten- oder Sahnesaucen: Probieren Sie einfach mal die nahezu unerschöpflichen Möglichkeiten der »Nudelküche«. Die Krönung sind natürlich »Nudeln von Grund auf«, d. h. selbst gemachte Nudeln. Wer backen kann, dem wird es auch nicht schwer fallen, Nudelteig selbst zu machen. Wenn die Zubereitung »einfacher« Nudeln gelingt, dann kann man sich auch daran wagen, gefüllte oder gefärbte Nudeln auszuprobieren. Ich bin sicher, in kürzester Zeit beherrschen auch Sie eine Pastaküche voller Farbe und Geschmack.
Und vielleicht entdecken Sie dabei mit der Zeit den Spaß am Selbermachen. Öle z. B., die Sie mit Kräutern, Gewürzen oder Aromen verfeinern, runden nicht nur so manches (Pasta-) Gericht ab. Sie eignen sich auch als tolles Geschenk für alle »Kochbegeisterten«.
Ist die Küche nicht der schönste Platz auf der Welt? Auf jeden Fall kann man hier sämtliche Nationen kulinarisch vereinen. Am besten fangen Sie noch heute damit an.

Ralf Zacherl

BESSER KENNEN LERNEN WOLLEN

Über ein Jahr als Fernsehkoch kann man sicher ein ganzes Buch füllen – ohne ein einziges Rezept. Aber keine Angst: Rezepte gibt es im Folgenden gleich dutzendweise, und auch für den Menschen Ralf Zacherl kann man eine Art »Rezept« erstellen – für alle, die ihn besser kennen lernen wollen.

Man nimmt am besten eine große Portion Geradlinigkeit, gebe ebenso viel Zielstrebigkeit hinzu, zu gleichen Teilen Unkompliziertheit, Geduld und den festen Willen, aus allem das Beste zu machen. Die Welt des Fernsehens war für Ralf neu und unbekannt. Doch wie bislang immer in seinem Leben: Er hat sich schnell mit dem Neuen zurechtgefunden und – langsam, aber sicher – damit angefreundet.

Und was ihn ganz besonders liebenswert macht: Er kann sich über die kleinen Dinge des Lebens freuen, über nette Gesten oder auch über Lob. Neid ist ihm fremd und cool oder gar wild ist er keineswegs. Natürlich bringt er auch eine Menge Gefühl fürs Kochen mit. Und auch die Gabe, den Spaß am Kochen an viele Menschen weiterzugeben.

Alles in allem also ein tolles »Rezept« oder – wenn man so will – ein »Lieblingsrezept« für einen guten Freund.

Erfolg verdirbt nicht immer den Charakter

Der Vater eines Weltstars sah Ralf in seiner Sendung und sagte zu mir: »Pass auf diesen Jungen gut auf, er hat ein Riesenpotenzial.« Das freute mich sehr, denn wer hört nicht gern solche Worte über seinen »Schützling« und guten Freund? Und eines ist ganz sicher: Vieles in seinem Leben hat sich für ihn verändert und weiterentwickelt – aber er ist noch immer der Ralf, den ich vor gut drei Jahren kennen lernte. Klar, er wird heute häufiger angesprochen, als es noch vor einem Jahr der Fall war. Wir haben ja sogar gewettet: Wenn ich dabei bin, spricht dich niemand an, habe ich behauptet. Wir stiegen in ein Taxi und zwei Augen schauten unentwegt in den Rückspiegel. Beim Bezahlen passierte es dann; der Taxifahrer fragte: »Herr Zacherl, kann ich ein Autogramm von Ihnen haben?« Solche Wetten verliere ich natürlich gern. Schließlich bin ich über alle Maßen stolz auf ihn.

Manuela Ferling

RALFS PASTA-ABC

A wie al dente: »Al dente« heißt nichts anderes als »mit Biss«. So sollten ideale Nudeln sein. Viel Wasser ist wichtig, damit die Pasta gut garen kann. Faustregel: 1 Liter Wasser auf 100 Gramm Nudeln.

B wie Basics: »Hamsterwirtschaft« erleichtert die Spontanküche. Deshalb sollten Sie z. B. verschiedene Nudelsorten, Zwiebeln, Knoblauch, Öle und Essige, Sojasauce, Honig, Mehl, Zucker, H-Milch, Salz, Pfeffer, Oliven, Kapern, Dosentomaten und Zitronen im Vorrat haben. Außerdem ist es nützlich, wenn Eier, Sahne, Naturjoghurt, Butter/Margarine und Parmesan im Kühlschrank griffbereit sind und für alle Fälle Kräutertöpfe auf der Fensterbank stehen. Natürlich können Sie Ihren Vorrat nach Lust und Laune variieren!

D wie Dosentomaten: Zu den Tomatenkonserven, die durch Einkochen hergestellt werden, gehören »pelati« (geschälte Tomaten), »polpa di pomodoro« (gehackte und geschälte Tomaten) und »passato di pomodoro« (pürierte Tomaten). Letztere werden meist im Tetrapack angeboten. In Italien hat das Konservieren von Tomaten eine lange Tradition. Die Konservenprodukte sind die ideale Alternative, wenn man keine aromatischen Tomaten bekommt – also z. B. im Winter.

E wie Eierteigwaren: Im Gegensatz zu Italien sind Eierteigwaren in Deutschland sehr beliebt: Über die Hälfte der hierzulande produzierten Nudeln werden unter Verwendung von Eiern hergestellt. Speziell aus diesen Teigen kann man aber auch zu Hause selbst feine Nudeln (»pasta fresca«) machen.

F wie frische Kräuter: Keine Frage – frische Kräuter gehören für mich auch bei der Pastaküche immer dazu. In Töpfchen auf der Fensterbank kann man das ganze Jahr über die schönsten Kräuter ziehen; ihr Geschmack lässt sich mit getrockneten Kräutern einfach nicht toppen. Frische Kräuter sollten immer erst zum Schluss dazugegeben werden, sie verlieren sonst ihr Aroma und werden bitter.

K wie Klassiker: Diese Pastasorten kennt jeder, sie sind die Dauerbrenner auf der Beliebtheitsskala. Der Klassiker schlechthin, die **Spaghetti**, haben noch zwei dünnere Verwandte: **Capellini** mit 1 mm Durchmesser und **Spaghettini** mit 1 ½ mm Durchmesser. **Tagliatelle**, **Fettuccine** und **Pappardelle** sind Bandnudeln in verschiedenen Breiten, die oft zu Nestern gedreht verkauft werden. Sie passen super zu Tomatensaucen mit größeren Fleischstückchen oder Meeresfrüchten und natürlich auch zu Käse- oder Sahnesaucen. **Farfalle**, die Schmetterlings- oder Schleifchennudeln, kommen aus dem Norden Italiens. Dort liebt man sie mit frischer Tomatensauce und auch mit Schinken-Sahne-Sauce. **Fusilli**, die Spiralnudeln, gehören zu den so genannten traditionellen Nudelformen und kommen aus Süditalien. Dort bereitet man sie mit deftigen Fleischsaucen zu. **Penne**, die kurzen Röhrennudeln, sind an den Enden schräg abgeschnitten. Es gibt sie glatt (»lisce«) oder geriffelt (»rigate«). »Lisce« und »rigate« finden wir aber auch bei anderen Formen. Übrigens: Penne heißt »Feder« – schließlich sehen die Nudeln einer Schreibfeder ähnlich. Für dünne Saucen sind Nudeln mit geriffelter Oberfläche am besten, denn an ihnen bleibt die Sauce besser haften.
Und zum Schluss: **Gnocchi**, die kleinen Klößchen aus Kartoffelteig und ohne Weizengrieß, die streng genommen gar keine Pasta sind.

Allerdings wird mittlerweile auch schnecken- oder muschelförmige Pasta aus Nudelteig unter dem Begriff »Gnocchi« angeboten.

O wie Oliven & Kapern: Egal ob grün oder schwarz – Oliven sind frisch geerntet ungenießbar. Sie schmecken überaus herb und bitter und müssen erst in Salzlake eingelegt werden. Nizza-Oliven sind sehr kleine Oliven aus Frankreich, die aber ein Superaroma haben. Man findet sie oft in einer würzigen Kräutermarinade eingelegt. Mittelgroße grüne Oliven kommen aus Italien. Sie haben festes Fruchtfleisch, schmecken herb-frisch und ein wenig bitter. Aus Griechenland kommen schwarze Kalamata- oder Kalamón-Oliven. Sie zählen zu den besten griechischen Tafelolivensorten, sind mandelförmig und fest und schmecken leicht herb. Aus der Türkei stammen die Marmara-Oliven, mittelgroße, mittelfeste und dunkle Früchte. Sie haben einen angenehmen Geschmack und sind in Lake eingelegt im Handel. Die Oliven à la grecque, schwarze Oliven, die trocken gesalzen werden, kommen vor allem aus Nordafrika.
Bei Kapern richtet sich die Qualität nach der Größe – die kleinsten gelten als die feinsten und sind auch am teuersten. Die drei kleinsten Handelssortierungen sind: Nonpareilles, Surfines, Fines. Übrigens sind Kapern die Knospen des Kapernstrauches, die in Essig oder Salz eingelegt werden. Hat sich die Blüte erst einmal entfaltet, ist sie für die Kapernernte »verloren«. Aus den Blüten entwickeln sich die Kapernäpfel, die, pikant eingelegt, ein leckerer Snack sind.

P wie Pesto: »Alla genovese« kennen sicher alle. Dieses Basilikum-Pesto vereinigt typisch mediterrane Aromen, schmeckt frisch zubereitet einfach umwerfend und ist schnell gemacht! Wer mag, röstet die Pinienkerne zuvor an – sie gewinnen dadurch an Aroma. Pesto ist eine tolle Grundlage für alle kreativen Köche und Köchinnen: ob in Rot, in Grün oder mit den unterschiedlichsten Zutaten. Einige davon zeige ich auf Seite 16/17.

Q wie Qualität: Trotz aller Werbekampagnen, die heutzutage anders lauten: Ich finde, Geiz auf Kosten der Qualität bei Lebensmitteln ist »ungeil«. Gute Produkte sind fürs Gelingen die halbe Miete.

S wie Sauce: Die Sauce soll ja immer schuld daran sein, dass Pastagerichte »Kalorienbomben« sind. Dabei haben wir doch alle Möglichkeiten, mit Gemüse und leichten Zutaten ein herrlich ausgewogenes Gericht zu machen. Wer auf die Linie achtet, gibt natürlich frischen Tomatensaucen den Vorzug vor sahnigen Saucen. Auch hier gilt mal wieder mein Grundsatz: Bauchgefühl und Kreativität sind Trumpf. Und mit Genuss zu »sündigen« sollte unbedingt erlaubt sein!

T wie (Nudel-)Teig selbst machen: Den Nudelteig von Hand so dünn auszurollen, dass er perfekt ist, wird sicher auf Anhieb schwer gelingen – aber keine Bange, Übung macht den »Nudelmeister«! Leichter hat man es da natürlich mit einer speziellen Nudelmaschine. Wie Nudelteig gemacht und verarbeitet wird, zeige ich ausführlich auf der folgenden Doppelseite. Übrigens: Mit selbst gemachtem Nudelteig sind der Kochfantasie nahezu keine Grenzen gesetzt.

W wie Wein: Auch beim einfachsten Pastagericht gehört er unbedingt zum Genuss dazu. Aber muss es zur italienischen Pasta auch ein italienischer Wein sein? Ich meine: Deutschlands Weine müssen sich nicht verstecken. Es gibt eine Fülle an guten Winzerweinen, die selbst italienischen Pastagerichten einen passenden Rahmen bieten.

Z wie Zacherl: Ich liebe Hobbykochrezepte! Schicken Sie Ihre Lieblingsrezepte, ich freue mich! **www.ralf-zacherl.de**

NUDELTEIG SELBST MACHEN

Ganz ehrlich: Die Herstellung von Teigen aus Hartweizengrieß ohne Ei beherrscht die Industrie wesentlich besser als man selbst zu Hause. Anders aber bei Nudelteigen mit Ei: Mit ein wenig Übung lassen sich leckere Nudeln zaubern. Wer auf den Geschmack gekommen ist, für den lohnt sich auf alle Fälle die Anschaffung einer Nudelmaschine. Aber natürlich kann man Nudeln auch ohne weiteres per Hand zubereiten. Hier wird Step by Step gezeigt, wie's gemacht wird. Da die Mengenangaben für den Nudelteig leicht variieren können, findet man diese im jeweiligen Rezept.

1 Das Mehl auf die Arbeitsfläche sieben. Das richtige Mehl ist für das Gelingen der Pasta das A und O. Die Italiener verwenden z. B. »farina bianca«, das in etwa der deutschen Type 405 entspricht.

2 In das gesiebte Mehl eine tiefe Mulde drücken. Das macht man am besten mit dem Sieb.

6 Die dickflüssige Teigmasse mit den Händen weiterverarbeiten. Nimmt der Teig das Mehl nicht komplett auf, vorsichtig noch etwas Wasser hinzufügen.

7 Den Nudelteig mit dem Handballen mindestens 5 Minuten kneten. Der Teig muss glatt und geschmeidig sein. Er ist optimal, wenn er sich leicht von der Arbeitsfläche löst und zart glänzt.

8 Den Teig in Frischhaltefolie wickeln, dabei nach Belieben noch einen kleinen Schuss Olivenöl hinzufügen. Den Teig etwa 1 Stunde im Kühlschrank ruhen lassen.

3 Die Eier einzeln aufschlagen und in die Mulde geben. Am besten verwenden Sie Eier der Größe M (53 bis 63 g). Die Eier sollten so frisch wie möglich und idealerweise Bioeier sein.

4 Olivenöl und Salz hinzufügen. Damit sich das Salz im Teig gut auflöst, empfiehlt es sich, besonders feinkörniges Salz zu verwenden.

5 Die Zutaten in der Mulde vorsichtig mit einem Schneebesen zu einer homogenen Masse verrühren. Nach und nach das Mehl vom Rand mit einarbeiten, bis eine dickflüssige Masse entsteht.

9 Den Teig auf der bemehlten Arbeitsfläche noch einmal kurz durchkneten und mit einem Messer in mehrere Portionen schneiden.

10 Die Teigportionen etwa 2 mm dick ausrollen. Oder den Teig in mehreren Durchgängen durch die Nudelmaschine lassen. Dabei die Walzen immer enger stellen, bis die gewünschte Teigstärke erreicht ist.

11 Den Teig mit Mehl bestäuben, locker aufrollen und in Scheiben der gewünschten Breite schneiden. Oder mit einem entsprechenden Vorsatz Nudeln schneiden. Auf einem bemehlten Backblech 15 Minuten trocknen lassen.

KEINE ZEIT, ABER HUNGER

Spaghetti alla napoletana, alla bolognese oder alla carbonara – das sind jene Standard-Pastagerichte, die sicher jeder schon einmal ausprobiert hat. Und meist bleibt es auch dabei, weil alles andere zu zeitaufwändig und kompliziert erscheint. Dass das nicht stimmt, zeige ich Ihnen auf den folgenden Seiten, denn es gibt natürlich noch viel mehr Pastagerichte, die schnell zubereitet sind und superlecker schmecken. Avanti, am besten fangen Sie gleich damit an!

MEDITERRANES FÜR JEDEN TAG

Orecchiette

MIT BLAUSCHIMMELKÄSE UND SCHINKEN

Zutaten für 4 Personen:

400 g Orecchiette (Öhrchennudeln)

Salz

1 Stange Lauch

1 kleine rote Paprikaschote

200 g gekochter Schinken (am Stück)

150 g Blauschimmelkäse

2 EL Olivenöl

150 g Mascarpone

100 ml Milch

2 EL Salbei (fein gehackt)

Pfeffer

Salbei für die Deko

1 Die Orecchiette nach Packungsanweisung in reichlich kochendem Salzwasser bissfest garen, in ein Sieb abgießen und abtropfen lassen.

2 Den Lauch putzen, waschen und in feine Ringe schneiden. Die Paprika halbieren, entkernen, waschen und ebenso wie den Schinken in kleine Würfel schneiden. Den Käse in Stücke bröckeln.

3 Das Öl in einer Pfanne erhitzen, den Lauch, die Paprika und den Schinken darin andünsten. Den Mascarpone, die Milch, den Käse und den Salbei dazugeben und bei mittlerer Hitze aufkochen lassen. Die Sauce mit Salz und Pfeffer würzen und mit den Orecchiette vermischen. Mit dem Salbei garnieren.

Wer keinen Blauschimmelkäse mag, kann Fontina statt Mascarpone und Parmesan statt Blauschimmelkäse verwenden.
Mehr Farbe kommt ins Spiel, wenn man zur Hälfte grüne Orecchiette nimmt.

EIN KLASSIKER WIRD VARIIERT

Pesto

MAL WÜRZIG, MAL SÜSS

Zutaten für 6–8 Portionen:

Basilikum-Pesto:

2 Bund Basilikum

½ Bund Petersilie

3 Knoblauchzehen

3 EL Pinienkerne

Salz

150 ml feines Olivenöl

120 g Parmesan (gerieben)

1 Das Basilikum und die Petersilie waschen und trockenschütteln, die Blätter abzupfen und fein hacken. Den Knoblauch schälen und in feine Würfel schneiden. Die Pinienkerne in einer Pfanne ohne Fett goldgelb rösten.

2 Die Kräuter mit dem Knoblauch, Salz und einem Schuss Öl im Mörser fein zerreiben oder im Mixer kurz pürieren, sodass eine homogene Masse entsteht. Die Pinienkerne, den Parmesan und das restliche Öl dazugeben und alles zu einer Paste zerreiben oder mixen.

Rotes Pesto:

250 g getrocknete Tomaten (in Öl)

80 g Mandeln (gehackt)

180 g Parmesan (gerieben)

feines Olivenöl

1 Die Tomaten abtropfen lassen, dabei das Öl auffangen. Die Tomaten klein schneiden. Die Mandeln in einer Pfanne ohne Fett rösten. Mit den Tomaten und dem aufgefangenen Öl im Mixer zu einer homogenen Masse pürieren.

2 Den Parmesan dazugeben und die Paste mit Öl verdünnen, bis das Pesto die gewünschte Konsistenz hat.

Salziges Pesto kann man gut auf Vorrat zubereiten: Einfach in ein Schraubglas füllen und mit Olivenöl bedecken – so behält es seine Farbe (wenn das Glas lichtdurchlässig ist, einfach mit Alufolie umwickeln). Pesto eignet sich auch super als Brotbelag, zum Würzen von Saucen und Eintöpfen oder als Topping!

Walnuss-Pesto:

200 g Walnusskerne

80 g Greyerzer

1 Knoblauchzehe

1 TL Honig

je 100 ml Walnuss- und Distelöl

Salz

1 Die Walnüsse in einer Pfanne ohne Fett rösten und im Mixer grob pürieren oder in einen hohen Rührbecher füllen und mit dem Stabmixer grob pürieren (die Nüsse sollten noch Stecknadelkopfgröße haben). Den Käse fein reiben.

2 Den Knoblauch schälen und grob zerkleinern. Mit dem Honig, dem Käse, den beiden Ölsorten und Salz zu den Walnüssen geben und alles zu einer Paste mixen.

Süßes Pesto:

je 1 Bund Basilikum und Minze

je ½ Bund Estragon und Zitronenmelisse

3 EL Pinienkerne

1 Vanilleschote

4 EL Honig

200 ml Zitronenöl (oder neutrales Öl mit der abgeriebenen Schale von 1 unbehandelten Zitrone)

1 Das Basilikum, die Minze, den Estragon und die Zitronenmelisse waschen und trockenschütteln, die Blätter abzupfen und fein hacken. Die Pinienkerne in einer Pfanne ohne Fett goldgelb rösten. Die Vanilleschote längs aufschneiden und das Mark mit einem kleinen Messer herauskratzen.

2 Die Kräuter mit dem Honig, dem Vanillemark und einem Schuss Öl im Mörser fein zerreiben oder im Mixer kurz pürieren, sodass eine homogene Masse entsteht. Die Pinienkerne und das restliche Öl dazugeben und alles zu einer Paste zerreiben oder pürieren.

Das süße Pesto ist die raffinierte Variante zu Fruchtsaucen. Es schmeckt einfach genial zu Crêpes, passt aber auch zu Eis und verfeinert Obstsalate.

KREATIVITÄT IST TRUMPF

Spaghetti alla carbonara

RUND UM DIE WELT

Zutaten für 4 Personen:

Klassische Art:

500 g Spaghetti, Salz

1 EL Butter

150 g Bauchspeck (in feinen Würfeln)

200 g Sahne

Pfeffer

Muskatnuss (frisch gerieben)

2 Eigelb

100 g Parmesan (gerieben)

1 Die Spaghetti nach Packungsanweisung in reichlich kochendem Salzwasser bissfest garen, in ein Sieb abgießen und abtropfen lassen.

2 Die Butter in einer Pfanne zerlassen und den Speck darin knusprig braten. Zwei Drittel der Sahne dazugeben und aufkochen lassen. Die Spaghetti untermischen und erwärmen. Mit Salz, Pfeffer und Muskatnuss würzen. Das Eigelb mit der restlichen Sahne verrühren und dazugeben. Kurz erwärmen, aber nicht mehr kochen lassen. Den Parmesan untermischen oder darüber streuen.

Asiatische Art:
Anstelle der Spaghetti **chinesische Eiernudeln** mit kochendem Wasser übergießen, 5 Minuten quellen lassen, in ein Sieb abgießen und abtropfen lassen. Den Bauchspeck durch **200 g Lachsfilet** (in Würfeln) ersetzen. Mit den Nudeln **1 EL Sojasauce**, **1 TL Kurkumapulver**, **1 rote Chilischote** (fein gehackt) und **je 1 EL Koriander** und **Cashewnüsse** (beides fein gehackt) untermischen.

Alla cacciatora (Jäger-Art):
Die Spaghetti wie im Grundrezept zubereiten, jedoch den Bauchspeck durch **150 g Rehschinken** (in Streifen) und **200 g kleine Champignons** (in Vierteln) ersetzen. Zuletzt **1 EL Petersilie** (fein gehackt) und **1 EL Schnittlauch** (in Röllchen) untermischen.

Bayerische Art:
Die Spaghetti wie im Grundrezept zubereiten, jedoch den Bauchspeck durch **200 g Leberkäse** (in Würfeln) ersetzen und die Eiersahne mit **1 EL süßem Senf** würzen.

Französische Art (siehe Foto):
Die Spaghetti wie im Grundrezept zubereiten, jedoch den Bauchspeck durch **200 g geräucherte Entenbrust** (in Scheiben) und **1 Bund grünen Spargel** (in Stücken und blanchiert) ersetzen und mit **Kerbel** bestreuen.

Spanische Art:
Die Spaghetti wie im Grundrezept zubereiten, jedoch den Bauchspeck durch **200 g Chorizo** (in Scheiben) ersetzen und **je 50 g grüne** und **schwarze Oliven** (ohne Stein), **1 TL Safranfäden** und **2 EL Basilikum** (fein gehackt) mit der Eiersahne zu den Nudeln geben.

ERKENNE DIE MÖGLICHKEITEN

Penne all'arrabbiata

INTERNATIONAL

Zutaten für 4 Personen:

Klassische Art:

500 g Penne (Röhrennudeln)

Salz

1 Zwiebel

3 Knoblauchzehen

8 rote Chilischoten (oder 4 rote Chili- und 2 kleine rote Paprikaschoten)

2 EL Olivenöl, Pfeffer

100 g Parmesan (gerieben)

1 Die Penne nach Packungsanweisung in reichlich kochendem Salzwasser bissfest garen, in ein Sieb abgießen und abtropfen lassen.

2 Die Zwiebel und den Knoblauch schälen und in feine Würfel schneiden. Die Chilischoten halbieren, entkernen, waschen und in feine Würfel schneiden. Das Öl in einer Pfanne erhitzen, die Zwiebeln, den Knoblauch und die Chilis darin andünsten. Die Penne untermischen, kurz erwärmen und mit Salz und Pfeffer würzen. Auf vorgewärmten Tellern anrichten und mit Parmesan bestreuen.

Amerikanische Art:

500 g Penne (Röhrennudeln)

Salz

1 Zwiebel

2 Knoblauchzehen

3 rote Chilischoten

10 Cocktailtomaten

100 g Bauchspeck

100 g Mais (aus der Dose)

2 EL Öl

1 EL Ketchup

Pfeffer

1 Die Penne nach Packungsanweisung in reichlich kochendem Salzwasser bissfest garen, in ein Sieb abgießen und abtropfen lassen.

2 Die Zwiebel und den Knoblauch schälen und in feine Würfel schneiden. Die Chilischoten halbieren, entkernen, waschen und ebenfalls in feine Würfel schneiden. Die Tomaten waschen und halbieren. Den Bauchspeck in kleine Würfel schneiden. Den Mais in ein Sieb abgießen und abtropfen lassen.

3 Das Öl in einer Pfanne erhitzen, die Zwiebeln, den Knoblauch, die Chilis und den Speck darin andünsten. Die Tomaten und den Mais dazugeben und kurz mitdünsten. Das Ketchup unterrühren, die Penne untermischen, kurz erwärmen und mit Salz und Pfeffer würzen. Die Penne auf vorgewärmten Tellern anrichten.

Ungarische Art:

500 g Penne (Röhrennudeln)

Salz

1 Zwiebel, 2 Knoblauchzehen

2 rote Chilischoten, 1 rote Paprikaschote

150 g scharfe Paprikasalami

2 EL Olivenöl

abgeriebene Schale von 1 unbehandelten Zitrone

Rosenpaprikapulver, Kümmelsamen

100 g Parmesan (gerieben)

1 Die Penne nach Packungsanweisung in reichlich kochendem Salzwasser bissfest garen, in ein Sieb abgießen und abtropfen lassen.

2 Die Zwiebel und den Knoblauch schälen und in feine Würfel schneiden. Die Chilischoten und die Paprika halbieren, entkernen, waschen und ebenso wie die Salami in kleine Würfel schneiden.

3 Das Gemüse und die Salami im Öl andünsten. Die Penne untermischen, erwärmen, mit Salz, Zitronenschale, Paprika und Kümmel würzen und mit dem Parmesan bestreuen.

Asiatische Art:

500 g chinesische Eiernudeln

½ Bund Frühlingszwiebeln

3 Knoblauchzehen

2 rote Chilischoten

1 Staude Pak Choi

100 g Krabben (küchenfertig)

1 EL Sesamöl

1 EL Wasabipaste

1 EL Sojasauce

2 EL Ingwer (frisch gerieben)

Salz

Pfeffer

1 Die Eiernudeln mit kochendem Wasser übergießen und etwa 5 Minuten quellen lassen. In ein Sieb abgießen und abtropfen lassen.

2 Die Frühlingszwiebeln putzen, waschen und in feine Ringe schneiden. Den Knoblauch schälen. Die Chilischoten halbieren, entkernen und waschen. Beides in feine Würfel schneiden. Den Pak Choi putzen, waschen, trockenschleudern und in feine Streifen schneiden. Die Krabben waschen und trockentupfen.

3 Das Öl in einer Pfanne erhitzen, die Frühlingszwiebeln, den Knoblauch und die Chilis darin andünsten. Pak Choi, Krabben, Wasabi, Sojasauce und Ingwer kurz mitdünsten. Die Eiernudeln untermischen, kurz erwärmen und mit Salz und Pfeffer würzen. Die Eiernudeln auf vorgewärmten Tellern anrichten.

WELTFRIEDEN FÜR DIE NUDEL

Noch mehr all'arrabbiata

INTERNATIONAL

Mexikanische Art (siehe Foto):

500 g Penne (Röhrennudeln oder eine beliebige andere Nudelsorte)

Salz

1 rote Zwiebel, 3 Knoblauchzehen

200 g Bauchspeck

2 Tomaten

1 kleine Dose schwarze Bohnen (425 g)

100 g Mais (aus der Dose)

2 rote Chilischoten (in feinen Würfeln)

2 EL Olivenöl, Pfeffer

100 g Parmesan (gerieben)

1 Die Penne nach Packungsanweisung in reichlich kochendem Salzwasser bissfest garen, in ein Sieb abgießen und abtropfen lassen.

2 Zwiebel und Knoblauch schälen. Zwiebel in feine Würfel und Knoblauch in Scheiben schneiden. Speck in kleine Würfel schneiden. Tomaten waschen, vierteln, entkernen und in feine Streifen schneiden. Bohnen und Mais in ein Sieb abgießen und abtropfen lassen.

3 Zwiebeln, Knoblauch, Chilis, Paprika und Speck im Öl andünsten. Tomaten, Bohnen und Penne untermischen, kurz erwärmen, mit Salz und Pfeffer würzen, mit Parmesan und nach Belieben mit Estragon bestreuen.

Ralfs Art:

500 g Penne (Röhrennudeln)

Salz

1 Zwiebel

3 Knoblauchzehen

3 milde Peperoni

1 rote Chilischote

½ Bund Basilikum

2 EL Olivenöl

6 Garnelen (gekocht und klein geschnitten)

100 g passierte Tomaten (aus der Packung)

Pfeffer

1 Die Penne nach Packungsanweisung in reichlich kochendem Salzwasser bissfest garen, in ein Sieb abgießen und abtropfen lassen.

2 Die Zwiebel und den Knoblauch schälen und in feine Würfel schneiden. Die Peperoni und die Chilischote halbieren, entkernen, waschen und ebenfalls in feine Würfel schneiden. Das Basilikum waschen und trockenschütteln, die Blätter abzupfen und in feine Streifen schneiden.

3 Das Öl in einer Pfanne erhitzen, Zwiebeln, Knoblauch, Peperoni und Chilis darin andünsten. Die Penne, die Garnelen, das Tomatenpüree und das Basilikum untermischen, kurz erwärmen und mit Salz und Pfeffer würzen. Die Penne auf vorgewärmten Tellern anrichten.

HEISSE LIEBE

Warmer Nudelsalat

MIT HÄHNCHENBRUST

Zutaten für 4 Personen:

300 g Gnocchi (aus Nudelteig)

Salz

100 g kleine Strauchtomaten

1 Kopf Radicchio

½ Bund Oregano
(ersatzweise 1 EL getrockneter Oregano)

3 unbehandelte Zitronen

300 g Hähnchenbrustfilet

2 EL Olivenöl

Pfeffer

¼ TL Paprikapulver

2–5 EL Aceto balsamico

ca. 1 TL Instant-Gemüsebrühe

Zucker

50 g schwarze Oliven (ohne Stein)

2 Stiele Basilikum

1 Die Gnocchi nach Packungsanweisung in reichlich kochendem Salzwasser bissfest garen, in ein Sieb abgießen und abtropfen lassen.

2 Die Tomaten waschen, vierteln und die Stielansätze entfernen. Den Radicchio putzen, waschen, trockenschleudern und in mundgerechte Stücke zupfen. Den Oregano waschen und trockenschütteln, die Blätter abzupfen und fein hacken. Die Zitronen heiß waschen und abtrocknen. Die Schale fein abreiben und eine Zitrone auspressen.

3 Die Hähnchenbrust waschen, trockentupfen und in dünne Streifen schneiden. Das Öl in einer Pfanne erhitzen und das Fleisch darin rundum anbraten. Mit Salz, Pfeffer und Paprika würzen.

4 Die Tomaten, den Oregano und die Zitronenschale dazugeben und mit dem Essig ablöschen. ¼ l Wasser dazugießen und mit Gemüsebrühe, Salz, Pfeffer, Zucker und Zitronensaft abschmecken.

5 Vom Herd nehmen und in einer großen Schüssel mit den Gnocchi, dem Radicchio und den Oliven vermischen. Das Basilikum waschen und trockenschütteln, die Blätter abzupfen, in feine Streifen schneiden und über den Salat streuen. Den Salat noch warm servieren.

Dieser Salat ist eine geniale Blitzvariante zu klassischem Nudelsalat. Da man ihn warm zubereitet, zieht er rasch durch und kann sofort serviert werden.

SCHNELL, GESUND, EXOTISCH

Asia-Nudelsnack

MIT CHILI UND INGWER

Zutaten für 4 Personen:

500 g chinesische Eiernudeln

6–8 Frühlingszwiebeln

200 g Sojasprossen

4 EL Erdnussöl

1 rote Chilischote (fein gehackt)

150 g Ingwer (fein gehackt)

Salz, Pfeffer

3–4 EL Austernsauce

1 Die Eiernudeln mit kochendem Wasser übergießen und etwa 5 Minuten quellen lassen. Abgießen und abtropfen lassen.

2 Die Frühlingszwiebeln putzen, waschen und in feine Ringe schneiden. Die Sojasprossen mit heißem Wasser übergießen und abtropfen lassen.

3 Das Öl erhitzen, Frühlingszwiebeln, Chilis und Ingwer darin andünsten. Mit Salz und Pfeffer würzen. Die Eiernudeln mit Sojasprossen und Austernsauce untermischen.

GEWUSST WIE!

Geschmelzte Maultaschen

MIT CABANOSSI UND THYMIAN

Zutaten für 4 Personen:

8 Zweige Thymian

2 l kräftige Gemüsebrühe

12 Maultaschen

4 Zwiebeln (in Scheiben)

4 EL Butter

4 Cabanossi (in Scheiben)

Salz

Pfeffer

4 EL Semmelbrösel

1 Den Thymian waschen und trockenschütteln. Die Gemüsebrühe zum Kochen bringen und die Maultaschen darin bei schwacher Hitze etwa 10 Minuten gar ziehen lassen.

2 Die Zwiebeln in der Butter goldbraun braten. Die Cabanossi und den Thymian dazugeben und mit Salz und Pfeffer würzen. Die Semmelbrösel hinzufügen, goldbraun rösten und die Maultaschen darin schwenken.

3 Etwas Gemüsebrühe auf tiefe Teller verteilen und die Maultaschen mit der Brösel-Cabanossi-Schmelze darin anrichten.

SO SCHMECKT DER FEIERABEND

Tagliatelle

MIT WEISSWEIN-TOMATEN-RAGOUT

Zutaten für 4 Personen:

2 Zwiebeln

2 Möhren

2 Stangen Staudensellerie

4 Hähnchenbrustfilets (à 150 g)

Salz

2 TL Paprikapulver (scharf)

2 TL Currypulver

2 EL Olivenöl

200 ml Weißwein

100 ml Gemüsebrühe

2 kleine Dosen Tomaten (à 400 g)

Pfeffer

Zucker

2 EL Aceto balsamico

400 g Tagliatelle (Bandnudeln)

je 2 EL Basilikum- und Korianderblätter für die Deko

Das ist eine richtig leckere Sauce, die kaum Aufwand bereitet, immer gelingt und anspruchsvolle Gaumen glücklich macht.

1 Die Zwiebeln schälen und in feine Würfel schneiden. Die Möhren und den Sellerie putzen, waschen bzw. schälen und in kleine Würfel schneiden.

2 Die Hähnchenbrustfilets waschen, trockentupfen und mit Salz, Paprika und Curry würzen.

3 Das Öl in einer Pfanne erhitzen und die Zwiebeln darin andünsten. Die Möhren und den Sellerie dazugeben und 2 bis 3 Minuten braten. Die Hähnchenbrustfilets hinzufügen und auf jeder Seite kurz anbraten. Den Weißwein und die Gemüsebrühe dazugießen, die Tomaten dazugeben und mit einer Gabel leicht zerdrücken. Mit Salz, Pfeffer, Zucker und Essig würzen. Die Hähnchenbrustfilets zugedeckt bei mittlerer Hitze etwa 15 Minuten garen.

4 Die Tagliatelle nach Packungsanweisung in reichlich kochendem Salzwasser bissfest garen, in ein Sieb abgießen und abtropfen lassen.

5 Die Hähnchenbrustfilets aus der Sauce nehmen, quer in dünne Streifen schneiden und auf den Tagliatelle anrichten. Das Weißwein-Tomaten-Ragout darüber geben und mit den Kräuterblättern garnieren.

DAUERBRENNER MIT FRISCHEKICK

Spaghetti alla bolognese

MIT MINZE-PESTO

Zutaten für 4 Personen:

400 g Spaghetti

Salz

½ Bund Minze

7 EL Olivenöl

2 Auberginen

2 Zwiebeln

2 Knoblauchzehen

Pfeffer

300 g gemischtes Hackfleisch

Paprikapulver

1 kleine Dose Tomaten (400 g)

2 EL saure Sahne

100 g Parmesan (gerieben)

1 Die Spaghetti nach Packungsanweisung in reichlich kochendem Salzwasser bissfest garen, in ein Sieb abgießen und abtropfen lassen.

2 Für das Pesto die Minze waschen, trockenschütteln und die Blätter abzupfen. Die Minzeblätter und 3 EL Öl mit dem Stabmixer fein pürieren.

3 Die Auberginen putzen, waschen und in kleine Würfel schneiden. Die Zwiebeln und den Knoblauch schälen und in feine Würfel schneiden. 3 EL Öl in einer Pfanne erhitzen und die Zwiebeln darin andünsten. Den Knoblauch und die Auberginen dazugeben und mitdünsten. Mit Salz und Pfeffer würzen.

4 Das restliche Öl in einer zweiten Pfanne erhitzen und das Hackfleisch darin krümelig braten. Mit Salz, Pfeffer und Paprika würzen. Die Tomaten dazugeben, mit einer Gabel leicht zerdrücken und ein paar Minuten kochen lassen. Die Auberginenmasse unter die Hackfleisch-Tomaten-Sauce mischen. Vom Herd nehmen und die saure Sahne unterrühren.

5 Die Spaghetti mit der Sauce bolognese auf Tellern anrichten, das Minze-Pesto darauf verteilen und den Parmesan darüber streuen.

Paprikapulver wird beim Anbraten in heißem Fett schnell bitter. Da hilft ein Trick: Das Pulver mit kalter Butter verkneten, bevor man es zum Fleisch – z. B. zum Hackfleisch oder zum Gulasch – gibt. So verhindert man außerdem, dass das Paprikapulver Klümpchen bildet.

KÖNNTE MAN JEDEN TAG ESSEN

Spaghetti

MIT OLIVEN, SARDELLEN UND HONIG

Zutaten für 4 Personen:

400 g Spaghetti

Salz

3 Knoblauchzehen

3 rote Chilischoten

200 g grüne und schwarze Oliven (ohne Stein)

4 EL Olivenöl

1 EL Sardellenfilets (fein gehackt)

3 EL Honig

2 EL Thymian (fein gehackt)

Pfeffer

1 Die Spaghetti nach Packungsanweisung in reichlich kochendem Salzwasser bissfest garen, in ein Sieb abgießen und abtropfen lassen.

2 Den Knoblauch schälen und in dünne Scheiben schneiden. Die Chilischoten halbieren, entkernen, waschen und in feine Würfel schneiden. Die Oliven fein hacken. Das Öl in einer Pfanne erhitzen und den Knoblauch darin hellbraun rösten. Die Chilis, die Oliven, die Sardellen, den Honig und den Thymian zum Knoblauch geben, kurz erwärmen und mit Salz und Pfeffer würzen.

3 Die Spaghetti unter die Olivensauce mischen und nochmals mit Salz und Pfeffer abschmecken. Nach Belieben mit Thymian und Sardellenfilets garnieren.

Wer will, kann noch 2 Bund Rucola klein schneiden und zum Schluss unter die Spaghetti mischen.
Eine witzige Deko sind selbst gemachte Käsewaffeln. Dafür einfach in einer beschichteten Pfanne aus geriebenem Käse (z. B. Parmesan oder Emmentaler) kleine, dünne Plätzchen braten.

SCHNELL GEKOCHTER LUXUS

Spaghetti

MIT ZWIEBELCHEN UND GARNELEN

Zutaten für 4 Personen:

400 g Spaghetti

Salz

2 Bund junge Zwiebeln (mit Grün)

20 g Frühstücksspeck (am Stück)

3 EL Olivenöl

1 TL Speisestärke

150 ml Weißwein

¼ l Geflügelbrühe

Pfeffer

10 Garnelen (küchenfertig)

1 Knoblauchzehe

je 3 Zweige Thymian und Rosmarin

Wenn Kinder mitessen, einfach den Weißwein durch Apfelsaft mit einem Spritzer Zitronensaft ersetzen.

1 Die Spaghetti nach Packungsanweisung in reichlich kochendem Salzwasser bissfest garen, in ein Sieb abgießen und abtropfen lassen.

2 Die jungen Zwiebeln putzen, dabei das äußere Häutchen entfernen. Die Zwiebeln abschneiden, einen Teil des Grüns fein hacken und beiseite stellen. Den Frühstücksspeck in kleine Würfel schneiden.

3 In einer Pfanne 1 EL Öl erhitzen, den Frühstücksspeck und die Zwiebeln darin unter Rühren etwa 4 Minuten braten. Mit der Speisestärke bestäuben und mit dem Weißwein ablöschen. Die Geflügelbrühe dazugießen und aufkochen lassen. Mit Salz und Pfeffer würzen und warm halten.

4 Die Garnelen waschen, trockentupfen und je nach Größe in 2 oder 3 Stücke schneiden. Mit Salz und Pfeffer würzen. Den Knoblauch schälen und in feine Würfel schneiden. Den Thymian und den Rosmarin waschen und trockenschütteln. Das restliche Öl erhitzen, die Garnelen mit dem Knoblauch und den Kräuterzweigen darin rundum braten. Die Kräuterzweige entfernen und die Garnelen in die Zwiebelsauce geben.

5 Die Sauce noch einmal mit Salz und Pfeffer abschmecken und die Spaghetti untermischen. Mit dem fein gehackten Zwiebelgrün auf vorgewärmten Tellern anrichten und nach Belieben geriebenen Parmesan darüber streuen.

KANN MAN ÖFTER MAL MACHEN

Spinat-Tortellini

MIT ERBSEN UND PERLZWIEBELN

Zutaten für 4 Personen:

200 g Perlzwiebeln

100 g Bauchspeck

1 Stiel Oregano

2 EL Olivenöl

150 g Erbsen (tiefgekühlt)

1 EL Mehl

1/8 l Weißwein

1 TL Instant-Geflügelbrühe

Salz

Pfeffer

500 g frische Spinat-Tortellini (aus dem Kühlregal)

1 Die Perlzwiebeln ein paar Minuten in lauwarmes Wasser legen. Wenn die äußeren Schichten etwas aufgequollen sind, die Zwiebeln schälen. Den Bauchspeck in feine Streifen schneiden. Den Oregano waschen und trockenschütteln.

2 Das Öl in einer Pfanne erhitzen und die Perlzwiebeln darin etwa 5 Minuten braten. Den Bauchspeck dazugeben und weitere 5 Minuten braten. Die Erbsen dazugeben, mit dem Mehl bestäuben und mit dem Weißwein ablöschen. Die Geflügelbrühe und einen Schuss Wasser hinzufügen, mit Salz und Pfeffer abschmecken. Den Oreganostiel dazugeben und das Gemüse bei schwacher Hitze fertig garen.

3 Die Tortellini in reichlich kochendem Salzwasser 3 bis 4 Minuten garen, in ein Sieb abgießen und abtropfen lassen. Mit der Zwiebelsauce auf vorgewärmten Tellern anrichten.

Dies ist ein typisches Rezept mit Gelinggarantie. Es stammt aus meiner Bodensee-WG-Zeit. Apropos WG: Es eignet sich auch bestens für viele Personen.

EINE RUNDE SACHE ZUM SATTWERDEN

Spaghetti-Rösti

MIT PILZSAUCE

Zutaten für 4 Personen:

300 g Spaghetti

Salz

400 g Pilze (z. B. Champignons, Steinpilze, Maronen, Austernpilze)

1 Bund Schnittlauch

1 Zwiebel

2 EL Olivenöl

2 EL Sojasauce

200 g Sahne

Pfeffer

je ½ Bund Basilikum und Petersilie

100 g gekochter Schinken

2 Eier

Öl zum Braten

Dieses Rezept kann man auch prima mit Spaghetti machen, die am Vortag übrig geblieben sind. Eine bessere Resteverwertung gibt es nicht.

1 Die Spaghetti nach Packungsanweisung in reichlich kochendem Salzwasser bissfest garen, in ein Sieb abgießen, mit kaltem Wasser abbrausen und abtropfen lassen. Die Spaghetti mit einem Messer oder einer Schere in 3 cm lange Stücke schneiden.

2 Die Pilze putzen, mit Küchenpapier trocken abreiben und in Scheiben schneiden. Den Schnittlauch waschen, trockenschütteln und in feine Röllchen schneiden. Die Zwiebel schälen und eine Hälfte in feine Würfel schneiden.

3 Das Olivenöl in einer Pfanne erhitzen und die Zwiebelwürfel darin andünsten. Die Pilze dazugeben und mitdünsten, bis die Flüssigkeit verdampft ist. Mit der Sojasauce ablöschen, die Sahne dazugießen und aufkochen lassen. Die Pilzsauce mit Salz und Pfeffer würzen, warm halten und vor dem Servieren den Schnittlauch untermischen.

4 Die restliche Zwiebelhälfte in feine Scheiben schneiden. Das Basilikum und die Petersilie waschen, trockenschütteln und die Blätter abzupfen. Das Basilikum in feine Streifen schneiden und die Petersilie fein hacken. Den Schinken in feine Streifen schneiden. Die Eier verquirlen.

5 Die Spaghetti mit den Zwiebeln, den Kräutern, dem Schinken und den Eiern vermischen. Etwas Öl in einer Pfanne erhitzen und aus der Spaghettimasse portionsweise kleine, goldbraune Rösti braten. Die Rösti nach Belieben mit der Pilzsauce zu Türmchen stapeln und mit Cocktailtomaten anrichten.

PASTA MAMMA MIA

So holt man sich Urlaubslaune nach Hause! Fantasievolle Köstlichkeiten vom Mittelmeer auf die heimischen Teller zu bringen ist so einfach. Und wer hat nicht gerne mal einen kleinen Urlaub zwischendurch? Dazu passt natürlich Kochen ohne Stress, aber mit erstaunlichen Ergebnissen. Kurz und gut: Kulinarisch auf die Reise zu gehen macht Lust auf mehr. Probieren Sie's aus.

Vins Licors
Pollença Mallorca
Port Pollença Mallorca
FLORA

ETWAS WARMES BRAUCHT DER MENSCH

Klare Tomatensuppe

MIT BUCHSTABENNUDELN UND MUSCHELN

Zutaten für 4 Personen:

1 kg Tomaten

1 Zwiebel

4 Knoblauchzehen

1 Möhre

je 2 Zweige Thymian und Rosmarin

2 Stiele Petersilie

4 EL Olivenöl

1 TL Instant-Geflügelbrühe

Salz

Pfeffer

Zucker

100 g Buchstabennudeln

200 g Miesmuscheln

Besonders dekorativ, wenn Gäste kommen: Die Tomatensuppe in Gläsern servieren, ein paar ausgelöste Muscheln auf Thymianzweige stecken und die Suppe damit garnieren.

1 Die Tomaten waschen, vierteln und die Stielansätze entfernen. Die Zwiebel und den Knoblauch schälen und in feine Würfel schneiden. Die Möhre putzen, schälen und in kleine Würfel schneiden. Die Kräuter waschen und trockenschütteln.

2 In einer Pfanne 2 EL Öl erhitzen und die Zwiebeln darin andünsten. Die Möhren dazugeben und kurz mitdünsten. Die Tomaten hinzufügen und mit der Geflügelbrühe, Salz, Pfeffer und Zucker würzen. Die Thymian- und Rosmarinzweige, die Petersilienstiele und den Knoblauch dazugeben und zugedeckt 15 Minuten köcheln lassen.

3 Die Buchstabennudeln nach Packungsanweisung in reichlich kochendem Salzwasser bissfest garen, in ein Sieb abgießen und abtropfen lassen.

4 Die Muscheln unter fließendem kaltem Wasser abbürsten und die Bärte entfernen. Die Muscheln tropfnass im restlichen Öl zugedeckt etwa 4 Minuten garen. Vom Herd nehmen und noch 4 Minuten ziehen lassen. Geschlossene Muscheln entfernen, die restlichen Muscheln etwas abkühlen lassen und das Fleisch auslösen.

5 Die Tomatenmasse mit dem Stabmixer pürieren und durch ein mit einem Küchentuch ausgelegtes Sieb gießen. Die abtropfende klare Suppe auffangen und zum Kochen bringen, die Buchstabennudeln und die Muscheln darin bei schwacher Hitze erwärmen. Die Suppe nach Belieben mit fein gehacktem Basilikum bestreuen.

DIESE SUPPE HAT ES IN SICH

Tomatensuppe

MIT STELLINE UND VENUSMUSCHELN

Zutaten für 4 Personen:

750 g Tomaten

1 Zwiebel

1 Knoblauchzehe

5 EL Olivenöl

Salz

Pfeffer

Zucker

½ l Gemüsebrühe

3 Scheiben Toastbrot

5 EL Butter

100 g Stelline (Sternnudeln)

200 g Venusmuscheln

2 EL Parmesan (gerieben)

Basilikum für die Deko

Auch eine Tomatensuppe kann spannend sein – dies ist nur ein Beispiel dafür! Natürlich kann man das Muschelfleisch auch ausgelöst in die Suppe geben, dann lässt sie sich schneller essen.

1 Die Tomaten waschen, vierteln und die Stielansätze entfernen. Die Tomatenviertel in kleine Würfel schneiden. Die Zwiebel und den Knoblauch schälen und in feine Würfel schneiden.

2 In einer Pfanne 1 EL Öl erhitzen und die Zwiebeln darin andünsten. Den Knoblauch und die Tomaten dazugeben und mit Salz, Pfeffer und Zucker würzen. Die Gemüsebrühe dazugießen und bei schwacher Hitze zugedeckt etwa 20 Minuten köcheln lassen.

3 Das Toastbrot entrinden und in kleine Würfel schneiden. Die Butter mit 3 EL Öl erhitzen, mit Salz würzen und die Toastbrotwürfel darin goldbraun rösten. Die Croûtons auf Küchenpapier abtropfen lassen.

4 Die Stelline nach Packungsanweisung in reichlich kochendem Salzwasser bissfest garen, in ein Sieb abgießen und abtropfen lassen.

5 Die Suppe mit dem Stabmixer pürieren, durch ein feines Sieb streichen, noch einmal mit Salz und Pfeffer würzen und warm halten.

6 Die Muscheln unter fließendem kaltem abbürsten und die Bärte entfernen. Das restliche Öl in einem Topf erhitzen und die Muscheln tropfnass darin zugedeckt etwa 4 Minuten garen. Geschlossene Muscheln entfernen, die restlichen Muscheln mit der Flüssigkeit in die Tomatensuppe geben. Die Stelline hinzufügen und kurz erwärmen. Die Suppe mit den Croûtons anrichten, den Parmesan und das Basilikum darüber streuen.

GAUMENSCHMEICHLER

Linguine

MIT CALAMARETTI, PAPRIKA UND ZITRONENTHYMIAN

Zutaten für 4 Personen:

8 Zweige Zitronenthymian

400 g Linguine (sehr schmale Bandnudeln)

Salz

je 2 gelbe und rote Paprikaschoten

2 Knoblauchzehen

500 g Calamaretti (küchenfertig, ohne Kopf)

100 g Parmesan

3 EL Olivenöl

Pfeffer

Zucker

2–3 EL Aceto balsamico

Wer nur dick panierte Tintenfischringe kennt, die so zäh wie Dichtungsringe sind, wird sich wundern, wie wunderbar zart die Calamaretti in diesem Rezept schmecken. Wer keinen Zitronenthymian bekommt, kann auch herkömmlichen Thymian verwenden und die Nudeln am Schluss mit Zitronensaft abschmecken.

1 Den Zitronenthymian waschen und trockenschütteln. Die Linguine nach Packungsanweisung in reichlich kochendem Salzwasser mit 2 Thymianzweigen bissfest garen, in ein Sieb abgießen und abtropfen lassen.

2 Die Paprika halbieren, entkernen, waschen und in Rauten schneiden. Den Knoblauch schälen und in dünne Scheiben schneiden. Die Calamaretti waschen, trockentupfen und in dünne Ringe schneiden. Den Parmesan fein reiben oder mit dem Sparschäler in feine Späne hobeln.

3 Das Öl in einer Pfanne erhitzen und die Paprika darin andünsten. Den Knoblauch und die restlichen Thymianzweige dazugeben und mitdünsten. Mit Salz, Pfeffer und Zucker würzen. Die Calamaretti dazugeben, kurz rundum anbraten und mit dem Essig ablöschen.

4 Den Thymian entfernen. Die Linguine untermischen und kurz erwärmen. Mit Salz und Pfeffer abschmecken, auf vorgewärmte Teller verteilen und mit dem Parmesan bestreuen.

DRACULAS PASTA

Schwarze Nudeln

MIT TINTENFISCH IN TOMATENSAUCE

Zutaten für 4 Personen:

400 g Calamaretti

1 Stange Lauch

4 EL Olivenöl

2 Knoblauchzehen

Salz

Pfeffer

Chilipulver

1 kleine Dose Tomaten (400 g)

100 ml Geflügelbrühe

500 g schwarze Nudeln (z. B. Farfalle, Casarecce)

1 EL Basilikum (fein gehackt)

je 1 TL Salbei und Estragon (beides fein gehackt)

Allein wegen seiner ausgefallenen Optik macht dieses farbenfrohe Pastagericht bei Ihren Gästen garantiert Eindruck. Zudem ist es noch kinderleicht zu kochen. Was will man mehr? Sie können natürlich auch andere Kalmare verwenden, aber Calamaretti sind die kleinsten und zartesten Tintenfische.

1 Die Calamaretti-Fangarme knapp über den Augen so vom Kopf trennen, dass sie durch einen schmalen Ring verbunden bleiben. Die Kauwerkzeuge aus dem Ring drücken und entfernen. Das transparente Fischbein aus dem Körper entfernen. Die Fangarme und Körper waschen und trockentupfen. Die Körper in Ringe schneiden.

2 Den Lauch putzen, waschen, längs halbieren und in feine Würfel schneiden. In einer Pfanne 2 EL Öl erhitzen und den Lauch darin bei mittlerer Hitze andünsten. Den Knoblauch schälen, mit dem Messer zerdrücken und dazugeben. Mit Salz, Pfeffer und Chili würzen. Die Tomaten und die Geflügelbrühe hinzufügen, die Tomaten mit einer Gabel leicht zerdrücken. Die Sauce bei schwacher Hitze zugedeckt 10 Minuten köcheln lassen.

3 Die Nudeln nach Packungsanweisung in reichlich kochendem Salzwasser bissfest garen, in ein Sieb abgießen und abtropfen lassen.

4 Die Calamaretti-Fangarme und -Ringe mit Salz und Pfeffer würzen. Das restliche Öl erhitzen und die Calamaretti darin rundum anbraten. Die Ringe mit den Kräutern in die Sauce geben und 1 Minute ziehen lassen. Die Nudeln mit der Tintenfisch-Tomaten-Sauce anrichten, mit den Fangarmen und nach Belieben mit gehobeltem Parmesan und Staudenselleriewürfeln garnieren.

BIN ICH SCHON IN ITALIEN?

Safran-Spaghetti

MIT KAPERN UND GARNELEN

Zutaten für 4 Personen:

400 g Spaghetti

Salz

1 Zwiebel

3 Tomaten

½–1 TL Korianderkörner

3 EL Olivenöl

2 EL kleine Kapern (eingelegt)

200 g Garnelen (gekocht und geschält)

Pfeffer

1–1½ g Safranfäden

1 EL Kerbel (fein gehackt)

1 EL Zitronenmelisse (fein gehackt)

2 EL Parmesan (gerieben)

1 Die Spaghetti nach Packungsanweisung in reichlich kochendem Salzwasser bissfest garen, in ein Sieb abgießen und abtropfen lassen.

2 Die Zwiebel schälen und in feine Würfel schneiden. Die Tomaten kreuzweise einritzen, mit kochendem Wasser übergießen, häuten, vierteln, entkernen und in kleine Würfel schneiden. Die Korianderkörner in einer Pfanne ohne Fett rösten, bis sie zu duften beginnen, und im Mörser fein zermahlen.

3 In einer Pfanne 1 EL Öl erhitzen und die Zwiebeln darin andünsten. Die Kapern abtropfen lassen, mit den Garnelen dazugeben und kurz mitbraten. Die Tomaten hinzufügen und mit Salz, Pfeffer und Koriander würzen.

4 Das restliche Öl in einem Topf erhitzen und den Safran darin bei mittlerer Hitze auflösen. Die Spaghetti dazugeben und vermischen, bis sie gleichmäßig gelb sind. Mit den Kräutern unter die Garnelen mischen. Die Safran-Spaghetti auf vorgewärmten Tellern anrichten und mit dem Parmesan bestreuen.

Das ist mal wieder ein Gericht, das superschnell und einfach zu kochen ist und dabei so herrlich nach Sommer schmeckt. Durch die leichte Säure der Kapern und den erfrischenden Geschmack der Zitronenmelisse bekommt man Lust auf Sonne, Strand und Meer.

SO EINFACH, SO GUT

Bärlauch-Fettuccine

MIT MARINIERTEM LACHS

Zutaten für 4 Personen:

Für den marinierten Lachs:

½–1 TL Korianderkörner

1 EL Sojasauce

abgeriebene Schale von je 1 unbehandelten Zitrone und Limette

100 ml Weißwein

400 g Lachsfilet

Für die Bärlauch-Fettuccine:

400 g Fettuccine (schmale Bandnudeln)

Salz

1 Bund Bärlauch

2 Schalotten

1 EL Butter

200 g Sahne

2 EL Parmesan (gerieben)

Pfeffer

Keine Angst vor rohem Fisch! Das ist ein tolles Rezept für alle Skeptiker und Sushi-Beginner. Wer möchte, kann noch kurz gebratene Morcheln über die Fettuccine geben.

1 Die Korianderkörner in einer Pfanne ohne Fett rösten, bis sie zu duften beginnen, und im Mörser fein zermahlen. Mit der Sojasauce, den Zitrusschalen, dem Weißwein und 2 EL Wasser aufkochen und die Marinade dann auf Zimmertemperatur abkühlen lassen.

2 Das Lachsfilet waschen, trockentupfen und eventuell vorhandene Gräten entfernen. Den Lachs in dünne Streifen schneiden, mit der Marinade vermischen und etwa 1 Stunde im Kühlschrank durchziehen lassen.

3 Die Fettuccine nach Packungsanweisung in reichlich kochendem Salzwasser bissfest garen, in ein Sieb abgießen und abtropfen lassen.

4 Den Bärlauch waschen, trockenschütteln und in feine Streifen schneiden. Die Schalotten schälen und in feine Würfel schneiden. Die Butter zerlassen und die Schalotten darin andünsten. Die Sahne dazugeben, aufkochen lassen und den Parmesan untermischen. Mit Salz und Pfeffer würzen.

5 Die Fettuccine in die Sauce geben und kurz erwärmen. Noch einmal mit Salz und Pfeffer abschmecken und den Bärlauch untermischen. Den marinierten Lachs abtropfen lassen, mit Salz würzen und auf den Bärlauch-Fettuccine anrichten.

VIVA BELLA ITALIA

Fazzoletti

MIT BUNTEM MITTELMEERGEMÜSE

Zutaten für 4 Personen:

12 Lasagneplatten

Salz

10 Perlzwiebeln

8 Knoblauchzehen

2 EL Butter

2 TL Zucker

1/8 l Weißwein

1–2 EL Aceto balsamico

1 Zucchino

1 Aubergine

je 1 gelbe und rote Paprikaschote

6 Cocktailtomaten

2 EL Olivenöl

Pfeffer

1/2 l Tomatensaft

150 g grüne und schwarze Oliven (ohne Stein)

100 g Ziegenkäserolle

Basilikum und Salbei für die Deko

Fazzoletti, also Taschentücher, nennen die Italiener die Nudelplatten, zwischen die Fleisch, Fisch, Gemüse oder Käse geschichtet wird.
Sie können das Gemüse nach Lust und Laune variieren, z. B. noch Artischockenherzen unter die Sauce mischen.

1 Die Lasagneplatten nach Packungsanweisung in reichlich kochendem Salzwasser bissfest garen, abgießen, trockentupfen und halbieren. Den Backofen auf 180 °C vorheizen.

2 Die Perlzwiebeln ein paar Minuten in lauwarmes Wasser legen. Wenn die äußeren Schichten etwas aufgequollen sind, die Zwiebeln schälen. Den Knoblauch ebenfalls schälen. In einer Pfanne 1 EL Butter zerlassen und den Zucker darin unter Rühren hellbraun karamellisieren. Mit Weißwein und Essig ablöschen, aufkochen lassen und die Perlzwiebeln und den Knoblauch untermischen. Alles in einer Auflaufform im vorgeheizten Ofen auf der mittleren Schiene zugedeckt etwa 20 Minuten schmoren.

3 Den Zucchino und die Aubergine putzen und waschen. Die Paprika halbieren, entkernen und waschen. Alles in kleine Würfel schneiden. Die Cocktailtomaten waschen und vierteln. Zucchini und Auberginen in 1 EL Öl andünsten, mit Salz und Pfeffer würzen und den Tomatensaft dazugießen. Bei mittlerer Hitze kochen lassen, bis das Gemüse weich ist. Die geschmorten Perlzwiebeln, die Oliven und die Tomaten dazugeben, kurz erwärmen und mit Salz und Pfeffer würzen.

4 Die Lasagneplatten mit dem restlichen Öl und etwas Wasser bei schwacher Hitze in einem Topf erwärmen. Den Käse in Würfel schneiden. Die Nudelplatten mit der Gemüsesauce und dem Käse auf Teller schichten. Die Fazzoletti mit Basilikum und Salbei garnieren und nach Belieben mit gehobeltem Parmesan bestreuen.

DARF'S AUCH ETWAS »MEER« SEIN?

Cannelloni

MIT ZANDER-SCAMPI-FÜLLUNG

Zutaten für 4 Personen:

Für die Cannelloni:

300 g Zanderfilet

Salz

Pfeffer

Muskatnuss (frisch gerieben)

12 Cannelloni (große Nudelröhren)

4 Scampi (gekocht und geschält)

6 EL Sahne

Fett für die Form

Für die Béchamelsauce:

1 EL Butter

1 EL Mehl

¼ l Milch

1 Eigelb

2 EL Parmesan

1 EL Dill (gehackt)

Sie können die Cannelloni natürlich auch selbst formen: Geben Sie die Füllung einfach auf vorgekochte halbierte Lasagneplatten und schlagen Sie die Nudeln um die Füllung. Wer sich besondere Mühe machen will, kann die Nudelrollen auch aus frischem Nudelteig zubereiten.

1 Das Zanderfilet waschen, trockentupfen und eventuell vorhandene Gräten entfernen. Den Zander in kleine Würfel schneiden, mit Salz, Pfeffer und Muskatnuss würzen und etwa 30 Minuten in das Tiefkühlfach legen.

2 Die Cannelloni nach Packungsanweisung in reichlich kochendem Salzwasser bissfest garen, in ein Sieb abgießen, abtropfen lassen und auf einem Küchentuch nebeneinander auslegen.

3 Die Scampi in kleine Würfel schneiden. Den angefrorenen Zander und die Sahne mit dem Stabmixer zu einer geschmeidigen Masse pürieren, durch ein feines Sieb streichen und die Scampiwürfel untermischen.

4 Eine Auflaufform einfetten. Die Zander-Scampi-Masse in die Cannelloni füllen und diese in die Form legen. Den Backofen auf 180 °C vorheizen.

5 Für die Béchamelsauce die Butter zerlassen und das Mehl darin anschwitzen. Die Milch unterrühren und die Sauce unter Rühren bei schwacher Hitze etwa 10 Minuten köcheln lassen. Die Sauce vom Herd nehmen, das Eigelb, den Parmesan und den Dill untermischen. Die Dillsauce über die Nudelrollen gießen und die Cannelloni im vorgeheizten Ofen auf der mittleren Schiene etwa 10 Minuten garen.

RAFFINIERT UND VEGETARISCH

Cannelloni

MIT AUBERGINEN-PINIENKERN-FÜLLUNG

Zutaten für 4 Personen:

12 Cannelloni (große Nudelröhren)

Salz

2 Auberginen

½ Bund Petersilie

4 getrocknete Tomaten (in Öl)

1 Zwiebel

2 Knoblauchzehen

2 EL Olivenöl

Pfeffer

4 EL Pinienkerne

3 EL Semmelbrösel

Fett für die Form

200 g Sahne

1 Eigelb

2 EL Parmesan (gerieben)

1 Die Cannelloni nach Packungsanweisung in reichlich kochendem Salzwasser bissfest garen, in ein Sieb abgießen, abtropfen lassen und auf einem Küchentuch nebeneinander auslegen.

2 Die Auberginen putzen, waschen und in kleine Würfel schneiden. Die Petersilie waschen und trockenschütteln, die Blätter abzupfen und fein hacken. Die Tomaten abtropfen lassen und klein schneiden. Die Zwiebel und den Knoblauch schälen und in feine Würfel schneiden.

3 Das Öl in einer Pfanne erhitzen und die Zwiebeln darin andünsten. Den Knoblauch und die Auberginen dazugeben und kurz mitdünsten. Mit Salz und Pfeffer würzen, etwas Wasser hinzufügen und die Auberginen zu einer dicken Paste einkochen lassen.

4 Den Backofen auf 200 °C vorheizen. Die Pinienkerne in einer Pfanne ohne Fett goldgelb rösten und mit der Petersilie, den Tomaten und den Semmelbröseln unter die Auberginenpaste mischen. Die Masse mit Salz und Pfeffer abschmecken.

5 Eine Auflaufform einfetten. Die Auberginenpaste in die Cannelloni füllen und diese in die Form legen. Die Sahne mit dem Eigelb verrühren, mit Salz und Pfeffer würzen und über die Nudelrollen gießen. Den Käse darüber streuen und die Cannelloni im vorgeheizten Ofen auf der mittleren Schiene etwa 8 Minuten garen.

DIE NUDEL DANACH

Cannelloni

MIT FEIGEN-MASCARPONE-FÜLLUNG

Zutaten für 4 Personen:

Für die Cannelloni:

8 Lasagneplatten

Salz

1 Vanilleschote

1 Eigelb

3 EL Zucker

abgeriebene Schale von 1 unbehandelten Zitrone

250 g Mascarpone

3 EL Mehl

1 EL Vanillepuddingpulver

8 Feigen

Fett für die Form

1 TL Zimtpulver

Für die süße Béchamelsauce:

1 Vanilleschote

1 EL Butter

1 EL Mehl

¼ l Milch

2 EL Zucker

Das Rezept ist für 4 Personen als Dessert gedacht. Für die karamellisierten Mandeln 1 bis 2 EL Zucker in einer Pfanne karamellisieren. Etwa 50 g gehackte Mandeln darin wenden und auf Backpapier trocknen lassen. Zum Servieren auf den Cannelloni verteilen.

1 Die Lasagneplatten nach Packungsanweisung in reichlich kochendem Salzwasser bissfest garen, in ein Sieb abgießen, abtropfen lassen und auf einem Küchentuch nebeneinander auslegen.

2 Die Vanilleschote längs aufschneiden und das Mark mit einem kleinen Messer herauskratzen. Das Eigelb mit dem Zucker, der Zitronenschale, dem Vanillemark und 1 Prise Salz verrühren. Den Mascarpone untermischen, das Mehl und das Vanillepuddingpulver über die Masse sieben und unterrühren. Die Feigen schälen, in kleine Würfel schneiden und unter die Mascarponemasse mischen.

3 Eine Auflaufform einfetten. Die Feigen-Mascarpone-Masse auf die Lasagneplatten geben und die Nudeln um die Füllung schlagen. Die gefüllten Lasagneplatten in die Form legen. Den Backofen auf 180 °C vorheizen.

4 Für die süße Béchamelsauce die Vanilleschote längs aufschneiden und das Mark herauskratzen. Die Butter zerlassen und das Mehl darin anschwitzen. Die Milch mit dem Zucker und dem Vanillemark unterrühen und die Sauce unter Rühren bei schwacher Hitze etwa 10 Minuten köcheln lassen.

5 Die Lasagneplatten mit der Sauce übergießen, mit Zimt bestäuben und im vorgeheizten Ofen auf der mittleren Schiene etwa 10 Minuten garen. Nach Belieben mit frischen Feigen und karamellisierten Mandeln anrichten.

HAUPTROLLE AUF ITALIENISCH

Gratinierte Nudelrollen

MIT LIGURISCHEM GEMÜSE

Zutaten für 4 Personen:

1 Aubergine

7 EL Olivenöl

je 2 Zweige Thymian und Rosmarin

Salz

Pfeffer

100 g Schalotten (in Würfeln)

3 Knoblauchzehen (in Würfeln)

1 EL Tomatenmark

12 Lasagneplatten

je 1 gelbe und rote Paprikaschote

1 Zucchino

Zucker

2 EL Pinienkerne (geröstet und gehackt)

1 Bund Basilikum (fein gehackt)

500 g Sahne

2 Eigelb

150 g Parmesan (gerieben)

Als Beilage passen gemischte Blattsalate mit Oliven und einem klassischen Essig-Öl-Dressing. Eine besonders pikante Note bekommt das Gericht, wenn man statt Parmesan Blauschimmelkäse verwendet.

1 Den Backofen auf 200 °C vorheizen. Die Aubergine waschen, längs halbieren und mit 2 EL Öl beträufeln. Die Kräuter waschen und trockenschütteln. Die Auberginenhälften mit Salz und Pfeffer kräftig würzen, mit je 1 Thymian- und Rosmarinzweig belegen und auf einem geölten Backblech im vorgeheizten Ofen etwa 20 Minuten garen.

2 Die Schalotten und 1 Knoblauchzehe in 2 EL Öl andünsten. Das gegarte Auberginenfruchtfleisch auslösen, mit dem Tomatenmark dazugeben und mitdünsten, bis die Flüssigkeit verdampft ist.

3 Die Lasagneplatten nach Packungsanweisung in reichlich kochendem Salzwasser bissfest garen, in ein Sieb abgießen, abtropfen lassen und auf einem Küchentuch nebeneinander auslegen.

4 Die Paprika halbieren, entkernen und waschen. Den Zuchino putzen und waschen. Beides in sehr kleine Würfel schneiden und in 2 EL Öl andünsten. Mit Salz, Pfeffer und Zucker würzen und mit Pinienkernen und Basilikum unter die Auberginenmasse mischen.

5 Die Lasagneplatten längs halbieren, mit der Auberginenmasse bestreichen und aufrollen. Eine Auflaufform mit dem restlichen Öl einfetten, die übrige Auberginenmasse hineingeben und die Nudelrollen darauf setzen.

6 Die Sahne, das Eigelb und die Hälfte des Parmesans verrühren und darüber geben. Den restlichen Käse darüber streuen und im vorgeheizten Ofen 20 bis 25 Minuten garen.

WAS DIE WIESE HERGIBT

Fettuccine-Auflauf

MIT LÖWENZAHN

Zutaten für 4 Personen:

500 g grüne Fettuccine (schmale Bandnudeln)

Salz

1 Zwiebel

1 Knoblauchzehe

3 Stauden heller Löwenzahn (gezüchtet)

200 g Mozzarella

2 EL Butter

200 g Sahne

250 g Frischkäse

100 g Parmesan (gerieben)

5 EL Pinienkerne

Pfeffer

Muskatnuss (frisch gerieben)

Fett für die Form

Löwenzahn schmeckt würzig und leicht bitter; er hat von April bis Juni Saison. Sollten Sie keinen Löwenzahn bekommen, können Sie ihn ohne weiteres durch Rucola ersetzen.
Der Auflauf ist ein tolles Essen für Besuch, weil man ihn super vorbereiten kann und die Küche schon wieder aufgeräumt ist, wenn die Gäste eintreffen.

1 Die Fettuccine nach Packungsanweisung in reichlich kochendem Salzwasser bissfest garen, in ein Sieb abgießen und abtropfen lassen.

2 Die Zwiebel und den Knoblauch schälen und in feine Würfel schneiden. Den Löwenzahn verlesen, waschen, trockenschleudern und grob zerkleinern. Den Mozzarella in kleine Würfel schneiden. Die Butter in einer Pfanne zerlassen und die Zwiebeln darin andünsten. Den Knoblauch dazugeben und kurz mitdünsten. Die Löwenzahnblätter untermischen. Den Backofen auf 200 °C vorheizen.

3 Die Sahne mit dem Frischkäse, dem Parmesan und den Pinienkernen verrühren und zum Löwenzahn geben. Die Sauce mit Salz, Pfeffer und Muskatnuss würzen.

4 Eine Auflaufform einfetten. Die Löwenzahnsauce mit den Fettuccine vermischen und in die Form geben. Den Mozzarella darüber streuen und den Auflauf im vorgeheizten Ofen auf der mittleren Schiene 15 Minuten garen. Dazu passt ein bunter Salat.

FÜR FEINSCHMECKER

Pappardelle

MIT HASENRAGOUT IN AVERNASAUCE

Zutaten für 4 Personen:

400 g Hasenkeulen (ohne Knochen)

2 Knoblauchzehen

6 Wacholderbeeren

1 Gewürznelke

1 TL Lebkuchengewürz

Salz

Pfeffer

Zucker

1 Möhre

100 g Knollensellerie

1 kleine Stange Lauch

2 EL Mehl

2 EL Olivenöl

200 ml Rotwein

6 cl Averna (italienischer Kräuterlikör)

350 g Pappardelle (breite Bandnudeln)

150 g Tomaten (aus der Dose)

3 Salbeiblätter

1 EL Aceto balsamico

Sie können für das Gemüse auch ein Bund Suppengemüse verwenden. Da ist meist noch Petersilie dabei, die gehackt ebenfalls unter die Sauce gemischt werden kann.

1 Die Hasenkeule von Sehnen und Fett befreien und das Fleisch in 2 bis 3 cm große Würfel schneiden. Den Knoblauch schälen und mit den Wacholderbeeren, der Gewürznelke, dem Lebkuchengewürz, Salz, Pfeffer und Zucker mit dem Stabmixer pürieren. Das Fleisch mit der Gewürzpaste vermischen.

2 Die Möhre und den Knollensellerie putzen, schälen und in kleine Würfel schneiden. Den Lauch putzen, waschen, längs vierteln und ebenfalls in kleine Würfel schneiden.

3 Das Fleisch mit dem Mehl bestäuben. Das Öl in einem großen Topf erhitzen und das Fleisch darin rundum anbraten. Das Gemüse dazugeben und kurz mitbraten. Mit Rotwein und Averna ablöschen und das Fleisch bei schwacher Hitze zugedeckt 20 bis 40 Minuten (je nach Beschaffenheit) weich schmoren.

4 Die Pappardelle nach Packungsanweisung in reichlich kochendem Salzwasser bissfest garen, in ein Sieb abgießen und abtropfen lassen.

5 Die Tomaten mit dem Stabmixer pürieren und mit den Salbeiblättern und dem Essig zum Schmorfleisch geben. Ein paar Minuten mitkochen lassen und mit Salz und Pfeffer abschmecken.

6 Die Pappardelle auf vorgewärmte Teller verteilen und das Ragout darauf anrichten. Nach Belieben mit grünem Spargel und Möhren garnieren.

VON GRUND AUF LECKER

Ravioli

SELBST GEMACHT

Zutaten für 4 Personen:

Grundrezept:

250 g Mehl

50 g Grieß

2 Eier

5 Eigelb

1 TL Olivenöl

Salz

Muskatnuss (frisch gerieben)

Mehl für die Arbeitsfläche

Zugegeben, selbst gemachte Ravioli machen etwas Arbeit, aber sie sind frisch zubereitet einfach unschlagbar. Mit den verschiedenen Füllungen übt man sich Step by Step zum »Ravioli-Meister«. Wenn man Eigelb mit etwas Wasser verrührt und die Teigränder damit bestreicht, kleben sie garantiert zusammen.

1 Das Mehl mit dem Grieß vermischen, auf die Arbeitsfläche sieben und in die Mitte eine Mulde drücken. Die Eier, 4 Eigelb und das Öl in der Mulde verrühren und mit Salz und Muskatnuss würzen. Nach und nach die Mehl-Grieß-Mischung untermischen und alles zu einem geschmeidigen Teig kneten. Den Teig in Frischhaltefolie wickeln und im Kühlschrank 1 Stunde ruhen lassen.

2 Den Teig auf der bemehlten Arbeitsfläche etwa 2 mm dick ausrollen. Auf eine Teighälfte im Abstand von 3 bis 4 cm kleine Häufchen einer beliebigen Füllung setzen. Das restliche Eigelb mit etwas Wasser verquirlen und die Zwischenräume damit bestreichen. Die andere Teighälfte locker über die Füllung klappen. Den Teig zwischen den Häufchen andrücken und mit einem Messer oder Teigrädchen Quadrate ausschneiden.

3 Oder den ausgerollten Teig in Quadrate schneiden, etwas Füllung darauf geben und die Teigquadrate über Eck zu Dreiecken zusammenklappen bzw. ein zweites Teigquadrat darauf legen. Oder Kreise aus dem Teig ausstechen, etwas Füllung darauf geben und die Kreise zu Halbmonden zusammenklappen bzw. einen zweiten Teigkreis darauf legen.

4 Die Ravioli in reichlich kochendem Salzwasser bei schwacher Hitze etwa 3 Minuten gar ziehen lassen. Die Ravioli mit einer Schaumkelle herausheben, sobald sie nach oben steigen, und sofort servieren.

Kartoffel-Ravioli:

1 Grundrezept Ravioliteig

300 g mehlig kochende Kartoffeln

Salz

50 g Pancetta (italienischer Bauchspeck)

½ Bund Schnittlauch (in Röllchen)

2 EL Crème fraîche

2 Eigelb

Muskatnuss (frisch gerieben)

1 Den Ravioliteig nach dem Grundrezept zubereiten und 1 Stunde im Kühlschrank ruhen lassen.

2 Die Kartoffeln schälen und in Salzwasser etwa 25 Minuten gar kochen. Abgießen, etwas abdampfen lassen und noch warm durch die Kartoffelpresse drücken. Die Kartoffelmasse ganz auskühlen lassen.

3 Die Pancetta in feine Würfel schneiden und in einer Pfanne ohne Fett knusprig braten. Die Kartoffelmasse mit dem Speck, dem Schnittlauch, der Crème fraîche und dem Eigelb verrühren, mit Salz und Muskatnuss würzen.

4 Den Ravioliteig ausrollen und beliebig, wie auf Seite 54 beschrieben, mit der Kartoffelmasse füllen. Die Ravioli in reichlich kochendem Salzwasser bei schwacher Hitze etwa 3 Minuten gar ziehen lassen. Die Ravioli mit einer Schaumkelle herausheben, sobald sie nach oben steigen, und sofort servieren.

Die Kartoffel-Ravioli sind eine tolle Beilage zu Fisch, Geflügel und Kalbfleisch. Oder Sie genießen sie solo, einfach kurz in Butter geschwenkt, in der Sie vielleicht vorher noch ein paar Löffel Semmelbrösel geröstet haben.

Himbeer-Ricotta-Ravioli:

1 Grundrezept Ravioliteig

1 Eigelb

2 EL Zucker

250 g Ricotta

1 EL Mehl

Salz

abgeriebene Schale von 1 unbehandelten Zitrone

Mark von 1 Vanilleschote

1 EL Vanillepuddingpulver

ca. 200 g Himbeeren

1 Den Ravioliteig nach dem Grundrezept zubereiten und 1 Stunde im Kühlschrank ruhen lassen. Alle Zutaten bis auf die Himbeeren miteinander verrühren und ebenfalls ruhen lassen.

2 Den Ravioliteig ausrollen und beliebig, wie auf Seite 54 beschrieben, mit der Ricottamasse und jeweils 1 Himbeere füllen. Die Ravioli in reichlich kochendem Wasser, wie oben beschrieben, garen. Mit den restlichen Himbeeren garnieren.

Die süßen Ravioli schmecken natürlich mit Kompott oder Eis, aber auch pur mit in Butter und etwas Zucker gerösteten Semmelbröseln.

LIEBE GEHT DURCH DEN MAGEN

Mamma Lucias Rouladen

MIT PARMASCHINKEN UND MOZZARELLA

Zutaten für 4 Personen:

Für die Kalbsrouladen:

8 Kalbsrückenscheiben (à 60 g)

Salz

Pfeffer

1 Bund Basilikum

4 Scheiben Parmaschinken

125 g Mozzarella

Für die Sauce:

1 Zwiebel

2 Sardellenfilets

1 große Möhre

1 Stange Staudensellerie

1 kleine Dose Tomaten (400 g)

100 g schwarze und grüne Oliven (ohne Stein)

4–5 EL Olivenöl

2 Knoblauchzehen

je 1 Zweig Thymian und Rosmarin

Wer kein Plattiereisen zu Hause hat, kann das Kalbfleisch auch mit dem Pfannenboden flach klopfen.

1 Die Kalbfleischscheiben mit einem Plattiereisen gleichmäßig flach klopfen und mit Salz und Pfeffer würzen. Das Basilikum waschen, trockenschütteln und die Blätter abzupfen. Die Schinkenscheiben quer halbieren. Den Mozzarella in dicke Scheiben und diese in 1 cm breite Streifen schneiden.

2 Den Parmaschinken auf das Fleisch legen und die Basilikumblätter darauf verteilen. Auf jede Schmalseite der Fleischscheiben einige Mozzarellastreifen dicht nebeneinander legen. Das Fleisch unter leichtem Druck aufrollen, mit Zahnstochern fixieren und noch einmal mit Salz und Pfeffer würzen.

3 Für die Sauce die Zwiebel schälen und in feine Würfel schneiden. Die Sardellenfilets fein hacken. Die Möhre putzen und schälen, den Sellerie putzen und waschen. Beides in kleine Würfel schneiden. Die Tomaten mit dem Stabmixer pürieren. Die Oliven halbieren.

4 In einer Pfanne 2 EL Öl erhitzen, die Zwiebeln und die Sardellen darin andünsten. Die Möhren dazugeben und 5 Minuten mitdünsten. Den Sellerie, die Tomaten und die Oliven hinzufügen. Den Knoblauch schälen und durch die Presse dazudrücken. Die Kräuter waschen, trockenschütteln und dazugeben. Die Sauce bei mittlerer Hitze zugedeckt ein paar Minuten köcheln lassen.

5 Das restliche Öl erhitzen und die Fleischröllchen darin rundum anbraten. Die Röllchen in die Sauce geben und bei schwacher Hitze etwa 12 Minuten ziehen lassen. Servieren Sie die Kalbsrouladen mit Ihrer Lieblings-Pasta.

MEDITERRANER LIEBLING

Gnocchi

PUR, EDEL ODER SÜSS

Zutaten für 4–6 Personen:

Grundrezept:

700 g mehlig kochende Kartoffeln

2 Eier

ca. 80 g Mehl

100 g Speisestärke

120 g Parmesan (gerieben)

abgeriebene Schale von 1 unbehandelten Zitrone

Salz

Pfeffer

Muskatnuss (frisch gerieben)

1 Den Backofen auf 200 °C vorheizen. Die Kartoffeln waschen, ungeschält auf ein Backblech legen und im vorgeheizten Ofen auf der mittleren Schiene je nach Größe 15 bis 25 Minuten garen.

2 Die gegarten Kartoffeln halbieren und das Fruchtfleisch mit einem Teelöffel auslösen (es sollte etwa 500 g ergeben). Die Masse durch eine Kartoffel- oder Spätzlepresse drücken.

3 Die warme Kartoffelmasse mit den Eiern, dem Mehl, der Speisestärke, dem Parmesan, der Zitronenschale, Salz, Pfeffer und Muskatnuss zu einem geschmeidigen Teig kneten. Falls der Teig noch an den Händen klebt, noch etwas Mehl hinzufügen.

4 Den Kartoffelteig zu daumendicken Rollen formen und diese in etwa 3 cm breite Stücke schneiden. Die Stücke entweder so belassen oder mit einer Gabel oder mit dem Daumen eindrücken. Die Gnocchi in leicht kochendes Salzwasser geben und bei mittlerer Hitze etwa 2 Minuten gar ziehen lassen. Mit einer Schaumkelle herausheben, mit kaltem Wasser abbrausen, abtropfen lassen und nach dem jeweiligen Rezept weiterverarbeiten.

Um festzustellen, ob die Kartoffeln gar sind, machen Sie am besten mit einem Messer oder einer Rouladennadel die Garprobe.

Mit Spinat und Parmaschinken:

1 Grundrezept Gnocchi

2 Schalotten

1 Knoblauchzehe

100 g Blattspinat

2 EL Butter

Salz

Pfeffer

Muskatnuss (frisch gerieben)

2 Tomaten

3 EL Olivenöl

200 g Parmaschinken (in Streifen)

100 g Parmesan (gerieben)

1 Die Gnocchi nach dem Grundrezept zubereiten. Die Schalotten und den Knoblauch schälen und in feine Würfel schneiden. Den Spinat verlesen, waschen und in einem Sieb abtropfen lassen. Die Butter zerlassen, Schalotten und Knoblauch darin andünsten. Den Spinat dazugeben und zugedeckt 1 bis 2 Minuten zusammenfallen lassen. Mit Salz, Pfeffer und Muskatnuss würzen.

2 Die Tomaten kreuzweise einritzen, mit kochendem Wasser übergießen, häuten, vierteln, entkernen und in kleine Würfel schneiden.

3 Das Öl in einer Pfanne erhitzen und die Gnocchi darin rundum anbraten. Den Spinat, den Schinken und die Tomaten untermischen. Die Gnocchi auf vorgewärmten Tellern anrichten und mit dem Parmesan bestreuen.

Mit Mohn und karamellisierten Orangen:

1 Grundrezept Gnocchi (ohne Parmesan und Muskatnuss)

6 Orangen

1 EL Zucker

Mark von 1 Vanilleschote

80 g Butter

2 EL Mohn (gemahlen)

2 EL Haselnüsse (gehackt)

1 EL Honig

Puderzucker

Zimtpulver

1 Die Gnocchi nach dem Grundrezept zubereiten. Die Orangen so großzügig schälen, dass auch die weiße Haut mit entfernt wird. Die Fruchtfilets aus den Trennhäuten schneiden, dabei den austretenden Saft auffangen. Die Häute ausdrücken und den Saft durch ein feines Sieb gießen.

2 Den Zucker in einer kleinen Pfanne karamellisieren, mit dem Orangensaft ablöschen und mit dem Vanillemark sirupartig einkochen lassen. Die Orangenfilets untermischen und die Pfanne vom Herd nehmen.

3 3 EL Butter zerlassen und die Gnocchi darin rundum anbraten. Die restliche Butter mit Mohn, Nüssen und Honig untermischen.

4 Die Gnocchi auf vorgewärmten Tellern anrichten und mit Puderzucker und Zimt bestäuben. Die karamellisierten Orangenfilets dazu servieren.

UND NOCH EIN BISSCHEN LUXUS

Gnocchi

MIT SAFRANFENCHEL UND RÄUCHERFISCH

Zutaten für 4 Personen:

1 Grundrezept Gnocchi (Seite 58)

4 Fenchelknollen

400 g Räucherfischfilet (z. B. Forelle, Makrele, Heilbutt)

2 EL Olivenöl

Salz, Pfeffer

Honig

1 g Safranfäden

1–2 EL Zitronensaft

4–5 EL Orangensaft

1–2 EL Butter

ca. 2 EL Crème fraîche

1 EL Dill (fein gehackt)

1 Die Gnocchi nach dem Grundrezept zubereiten. Den Fenchel putzen, waschen und längs halbieren. Die Strünke entfernen und die Fenchelhälften in Scheiben schneiden. Den Räucherfisch in Stücke schneiden.

2 Das Öl in einer Pfanne erhitzen und den Fenchel darin anbraten. Mit Salz, Pfeffer, Honig und Safran würzen und mit den Zitrussäften ablöschen. Den Fenchel bei mittlerer Hitze weich dünsten. Wenn nötig, noch etwas Wasser dazugeben.

3 Die Sauce mit der Butter binden, die Crème fraîche und den Dill unterrühren und die Gnocchi untermischen. Die Gnocchi auf vorgewärmte Teller verteilen und mit dem Räucherfisch anrichten. Nach Belieben mit Dill garnieren.

Zu den Gnocchi passt ein Friséesalat. Wer dem Gericht einen fruchtigen Touch geben will, kann vor dem Servieren noch die Fruchtfilets von 2 Orangen und 1 Zitrone untermischen.

NUDELN ASIATISCH

Die Nudeln kamen nicht mit Marco Polo nach Europa – das ist sicher. Mehr aber auch nicht! Ich glaube, es ist auch eigentlich gar nicht so wichtig, wer die Nudeln erfunden hat, sondern welche Küche was daraus macht. In Nordchina werden Teigtaschen traditionell zum Jahreswechsel gereicht. Warum? Man sagt dort, sie verheißen Glück und Wohlergehen im nächsten Jahr. Wenn das kein Grund ist, einen Blick nach Fernost zu riskieren!

LEICHT UND BEKÖMMLICH

Reisnudelsalat

MIT LACHS IM SESAMMANTEL

Zutaten für 4 Personen:

300 g Reisnudeln

600 g Lachsfilet (Sushi-Qualität)

1 rote Chilischote

1 EL Sojasauce

1 TL Fischsauce

1 EL Honig

2 EL Sesamöl

1 TL Korianderkörner

3 Frühlingszwiebeln

200 g Litschis

1 EL Reisessig

Salz

Pfeffer

3 EL weiße Sesamkörner

2 EL Öl

Den Lachs sollte man auf keinen Fall ganz durchgaren, er schmeckt sonst eher langweilig.
Durch die Litschis bekommt der Salat einen fruchtigen Kick. Wer keine frischen Litschis bekommt, kann auch Früchte aus der Dose nehmen.

1 Die Reisnudeln in kaltem Wasser einweichen. Den Lachs waschen, trockentupfen und eventuell vorhandene Gräten entfernen. Die Chilischote halbieren, entkernen, waschen und in feine Würfel schneiden. Mit der Sojasauce, der Fischsauce, dem Honig und dem Sesamöl zu einer Marinade verrühren. Den Lachs darin mindestens 1 Stunde marinieren.

2 Die Reisnudeln in ein Sieb abgießen und in eine Schüssel geben. Mit kochendem Wasser übergießen, etwa 8 Minuten quellen lassen, in ein Sieb abgießen, mit kaltem Wasser abbrausen und abtropfen lassen.

3 Die Korianderkörner in einer Pfanne ohne Fett rösten, bis sie zu duften beginnen, und im Mörser fein zermahlen. Die Frühlingszwiebeln putzen, waschen und in feine Streifen schneiden. Die Litschis schälen, halbieren und nach Belieben entsteinen. Die Reisnudeln mit den Frühlingszwiebeln, den Litschis und dem Essig vermischen. Mit Koriander, Salz und Pfeffer würzen.

4 Den Lachs aus der Marinade nehmen, trockentupfen und im Sesam wenden. Das Öl in einer Pfanne erhitzen und den Lachs rundum ganz kurz anbraten, aufschneiden und mit dem Reissalat servieren. Nach Belieben mit Brunnenkresse, Friséesalat und Korianderkörnern garnieren.

IST DOCH GANZ EINFACH!

Thai-Reisnudelsalat

MIT SHIITAKE-PILZEN UND GARNELEN

Zutaten für 4 Personen:

400 g Reisnudeln

100 g Shiitake-Pilze

1 Möhre

1 Knoblauchzehe

150 g Sojasprossen

1 rote Paprikaschote

2 rote Chilischoten

4 Frühlingszwiebeln

200 g kleine Garnelen (küchenfertig)

1 EL Sesamöl

Saft und abgeriebene Schale von 1 unbehandelten Limette

2 EL helle Sojasauce

1 EL Austernsauce

30 g Cashewkerne

1 EL Honig

2 EL Koriander (fein gehackt)

1 EL schwarze Sesamkörner

Dieser Nudelsalat ist ein tolles Rezept für alle, die auf die schlanke Linie achten.
Wer möchte, kann die Shiitake-Pilze durch Champignons ersetzen.

1 Die Reisnudeln mit kochendem Wasser übergießen und etwa 10 Minuten quellen lassen. In ein Sieb abgießen, mit kaltem Wasser abbrausen und abtropfen lassen.

2 Die Shiitake-Pilze putzen, mit Küchenpapier trocken abreiben und in Scheiben schneiden. Die Möhre putzen, schälen und längs in feine Streifen schneiden. Den Knoblauch schälen und in feine Würfel schneiden. Die Sojasprossen in einem Sieb waschen und abtropfen lassen. Die Paprika und die Chilischoten halbieren, entkernen, waschen und in kleine bzw. feine Würfel schneiden. Die Frühlingszwiebeln putzen, waschen und in sehr feine Ringe schneiden. Die Garnelen waschen und trockentupfen.

3 Den Wok erhitzen, das Öl hineingeben und die Shiitake-Pilze darin anbraten. Möhren, Paprika und Garnelen dazugeben und kurz mitbraten, sodass das Gemüse noch knackig ist. Die Sojasprossen und den Knoblauch hinzufügen und ebenfalls kurz mitbraten. Mit Limettensaft, Soja- und Austernsauce ablöschen. Das Gemüse mit den Garnelen in eine Salatschüssel füllen und etwas abkühlen lassen.

4 Die Cashewkerne in einer Pfanne ohne Fett rösten. Mit den Reisnudeln, der Limettenschale, dem Honig, den Chilis und dem Koriander unter das Gemüse mischen. Die Frühlingszwiebeln kurz vor dem Servieren untermischen und den Salat mit Sesam bestreuen.

IM WOK RÜHRT SICH WAS

Glasnudelsalat

MIT SPINAT UND ERDNÜSSEN

Zutaten für 4 Personen:

50 g getrocknete Garnelen

300 g Glasnudeln

200 g Blattspinat

1 Knoblauchzehe

1 rote Chilischote

1 TL Korianderkörner

1 EL Honig

2 EL Sojasauce

Salz

Pfeffer

2 EL geröstete Erdnüsse

1 Die Garnelen 12 Minuten in warmem Wasser einweichen. Die Glasnudeln mit kochendem Wasser übergießen, etwa 10 Minuten quellen lassen, in ein Sieb abgießen und abtropfen lassen.

2 Den Spinat verlesen, waschen und abtropfen lassen. Den Knoblauch schälen und in feine Würfel schneiden. Die Chilischote halbieren, entkernen, waschen und ebenfalls in feine Würfel schneiden. Die Korianderkörner in einer Pfanne ohne Fett rösten, bis sie zu duften beginnen, und im Mörser fein zermahlen. Die Garnelen in ein Sieb abgießen und trockentupfen.

3 Den Wok erhitzen und die Garnelen mit dem Honig darin kurz einkochen lassen. Den Knoblauch dazugeben und mit der Sojasauce ablöschen. Den Spinat hinzufügen und 1 bis 2 Minuten zusammenfallen lassen. Mit Salz, Pfeffer und Koriander würzen. Glasnudeln, Erdnüsse und Chilis untermischen und den Salat servieren.

Getrocknete Garnelen werden in Asien gerne zum Würzen, z. B. von Saucen, Gemüse oder Salaten, verwendet. Achten Sie beim Kauf darauf, dass die Garnelen eine schöne rosa Farbe haben.

EINE SCHARFE SACHE

Frittierte Wan Tans

MIT CHILI-MUSCHELN

Zutaten für 4 Personen:

200 g ausgelöste Miesmuscheln (tiefgekühlt)

16 Wan-Tan-Blätter (tiefgekühlt)

½ TL Korianderkörner

100 g Tofu

2 rote Chilischoten

½ Bund Koriander

1 Zwiebel

1 Knoblauchzehe

1 EL Öl

1 EL Honig

Salz

Pfeffer

1 Eiweiß

Öl zum Frittieren

Dazu schmeckt ein Koriander-Dip: 4 EL Crème fraîche mit ½ Bund gehacktem Koriander, 1 EL Sojasauce und 1 TL Sesamöl verrühren und mit Salz und Zucker abschmecken.

1 Die Muscheln in einem Sieb auftauen lassen. Die Wan-Tan-Blätter nebeneinander auslegen und ebenfalls auftauen lassen. Die Korianderkörner in einer Pfanne ohne Fett rösten, bis sie zu duften beginnen, und im Mörser fein zermahlen.

2 Den Tofu trockentupfen und in kleine Würfel schneiden. Die Chilischoten halbieren, entkernen, waschen und in feine Würfel schneiden. Den Koriander waschen und trockenschütteln, die Blätter abzupfen und fein hacken. Die Zwiebel und den Knoblauch schälen und in feine Würfel schneiden. Die aufgetauten Muscheln waschen, trockentupfen und fein hacken.

3 Das Öl in einer Pfanne erhitzen, die Zwiebeln und den Knoblauch darin andünsten. Die Muscheln, den Tofu, die Chilis und den gehackten Koriander hinzufügen und mit Honig, Salz, Pfeffer und frisch gemahlenem Koriander würzen.

4 Das Eiweiß verquirlen. Jeweils etwas Muschelmasse in die Mitte der Wan-Tan-Blätter setzen. Die Teigränder mit dem Eiweiß bestreichen, die Blätter über der Füllung zu Dreiecken zusammenklappen und die Ränder gut andrücken.

5 Das Öl in der Fritteuse oder in einem Topf erhitzen und die Teigdreiecke darin goldbraun frittieren. Mit einer Schaumkelle herausheben und auf Küchenpapier abtropfen lassen. Noch heiß mit einem Dip (siehe Tipp) servieren.

SCHICHTWEISE KÖSTLICH

Wan-Tan-Lasagne

MIT TOFU UND RÄUCHERLACHS

Zutaten für 4 Personen:

10 Wan-Tan-Blätter (tiefgekühlt)

100 g Shiitake-Pilze

1 Bund Koriander

200 g Tofu

Fett für die Form

Salz

Pfeffer

Currypulver

200 g Räucherlachs (in Scheiben)

200 g Sahne

100 g Parmesan (gerieben)

Früher konnte ich mit Tofu, dem Quark aus Sojabohnen, nicht viel anfangen. Heute sehe ich es ganz anders: Wenn man Tofu mit den richtigen Zutaten kombiniert, ist er immer gut für ein kulinarisches Highlight.

1 Die Wan-Tan-Blätter nebeneinander auslegen und auftauen lassen. Die Shiitake-Pilze putzen, mit Küchenpapier trocken abreiben und in Scheiben schneiden. Den Koriander waschen und trockenschütteln, die Blätter abzupfen und fein hacken. Den Tofu trockentupfen und in feine Scheiben schneiden. Den Backofen auf 200 °C vorheizen.

2 Eine Auflaufform einfetten und mit einer Lage Wan-Tan-Blätter auslegen. Einige Shiitake-Pilze darauf verteilen, mit Salz, Pfeffer und Curry würzen und mit etwas Koriander bestreuen. Mit einer Schicht Räucherlachs bedecken. Einige Tofuscheiben darauf verteilen und ebenfalls mit Salz, Pfeffer und Curry würzen. Mit einer Lage Wan-Tan-Blätter bedecken. So weiterverfahren, bis alle Zutaten aufgebraucht sind.

3 Die Sahne über die Lasagne gießen, den Parmesan darüber streuen und die Lasagne im vorgeheizten Ofen auf der mittleren Schiene etwa 20 Minuten goldbraun backen.

IMMER FÜR EINE ÜBERRASCHUNG GUT

Wan Tans

MIT GARNELEN UND PAPAYA

Zutaten für 4 Personen:

150 g Garnelen (tiefgekühlt)

16 Wan-Tan-Blätter (tiefgekühlt)

½ Bund Koriander

1 rote Chilischote

1 EL Kokoscreme

1 TL Ingwer (fein gehackt)

Salz

Pfeffer

1 Papaya

abgeriebene Schale von 1 unbehandelten Limette

1 Eiweiß

Öl zum Frittieren

Wer keine Garnelen mag oder einfach Lust auf Fleisch hat, nimmt stattdessen Rindfleisch. Durch das in der Papaya enthaltene Enzym Papain wird das Fleisch besonders zart.

1 Die Garnelen in einem Sieb auftauen lassen. Die Wan-Tan-Blätter nebeneinander auslegen und ebenfalls auftauen lassen.

2 Den Koriander waschen und trockenschütteln, die Blätter abzupfen und fein hacken. Die Chilischote halbieren, entkernen, waschen und in feine Würfel schneiden. Die Garnelen waschen, trockentupfen und sehr klein schneiden. Mit dem Koriander, den Chilis, der Kokoscreme und dem Ingwer vermischen. Die Masse mit Salz und Pfeffer würzen.

3 Die Papaya halbieren und die Kerne mit einem Löffel entfernen. Die Hälften schälen und in Stücke schneiden. Die Fruchtstücke mit etwas Wasser zu einem festen Püree verkochen und unter die Garnelenmasse mischen. Mit Salz, Pfeffer und der Limettenschale abschmecken.

4 Das Eiweiß verquirlen. Jeweils etwas Papaya-Garnelen-Mischung auf die Wan-Tan-Blätter geben. Die Teigränder mit dem Eiweiß bestreichen und die Blätter über der Füllung als Säckchen zusammenfassen oder als Dreiecke zusammenklappen. Die Ränder gut andrücken.

5 Das Öl in der Fritteuse oder in einem Topf erhitzen und die Wan Tans darin goldbraun frittieren. Mit einer Schaumkelle herausheben und auf Küchenpapier abtropfen lassen. Dazu passt süßsaure Sauce.

NUDELN MIT EXOTEN-BONUS

Gebratene Nudeln

MIT LACHS IM NORIBLATT

Zutaten für 4 Personen:

300 g chinesische Eiernudeln

1 Möhre

100 g Knollensellerie

½ Bund Zitronenmelisse

1 TL Korianderkörner

400 g Lachsfilet

Salz

Pfeffer

4 Noriblätter (Sushiblätter)

2 EL Öl

1 EL Honig

Den Lachs nur kurz im Wok anbraten – er sollte innen noch glasig sein. Füllen Sie die Noriblätter zur Abwechslung einmal mit Thunfischfilet.

1 Die Eiernudeln mit kochendem Wasser übergießen und etwa 5 Minuten quellen lassen. In ein Sieb abgießen und abtropfen lassen.

2 Die Möhre und den Sellerie putzen, schälen und in sehr feine Streifen schneiden. Die Zitronenmelisse waschen und trockenschütteln, die Blätter abzupfen und in feine Streifen schneiden. Die Korianderkörner in einer Pfanne ohne Fett rösten, bis sie zu duften beginnen, und im Mörser fein zermahlen.

3 Den Lachs waschen, trockentupfen und eventuell vorhandene Gräten entfernen. Das Lachsfilet in 4 Stücke schneiden und mit Salz und Pfeffer würzen. Je 1 Lachsstück in ein Noriblatt wickeln.

4 Den Wok erhitzen und 1 EL Öl hineingeben. Die Lachsrollen darin rundum anbraten, herausnehmen und warm halten. Das restliche Öl im Wok erhitzen und das Gemüse darin anbraten. Die Nudeln dazugeben und kurz mitbraten. Mit Zitronenmelisse, Koriander, Honig, Salz und Pfeffer würzen.

5 Die Lachsrollen in Scheiben schneiden und mit den gebratenen Nudeln anrichten. Nach Belieben mit geröstetem Sesam bestreuen.

DER MIX MACHT'S

China-Nudeln

MIT BANANE UND GARNELEN

Zutaten für 4 Personen:

300 g chinesische Eiernudeln

1 TL Korianderkörner

1 rote Paprikaschote

2 rote Chilischoten

1 Banane

1 TL Zitronensaft

8 Garnelen (gekocht und geschält)

2 Stiele Thai-Basilikum

1 EL Öl

1 EL Currypulver

1 EL Fischsauce

1 EL Honig

Salz

Pfeffer

1 Die Eiernudeln mit kochendem Wasser übergießen und etwa 5 Minuten quellen lassen. In ein Sieb abgießen und abtropfen lassen.

2 Die Korianderkörner in einer Pfanne ohne Fett rösten, bis sie zu duften beginnen, und im Mörser fein zermahlen. Die Paprika und die Chilischoten halbieren, entkernen, waschen und in feine Würfel schneiden. Die Banane schälen, klein schneiden und mit dem Zitronensaft beträufeln.

3 Die Garnelen klein schneiden. Das Basilikum waschen und trockenschütteln, die Blätter abzupfen und in feine Streifen schneiden.

4 Den Wok erhitzen, das Öl hineingeben und die Garnelen, die Paprika und die Chilis darin anbraten. Den Curry darüber stäuben und kurz mitrösten. Die Bananenstücke, die Fischsauce und den Honig hinzufügen und mit Salz, Pfeffer und Koriander würzen.

5 Die Eiernudeln unter die Garnelen mischen, kurz erwärmen und mit dem Basilikum bestreuen.

Thai-Basilikum gibt es in drei verschiedenen Sorten. Für dieses Gericht eignet sich am besten das würzig-scharfe Bai Kaprau. Man erkennt es an seinen rötlich-violetten Stielen.

NEUE IDEEN BRAUCHT DAS LAND

Garnelen in Glasnudeln

MIT AHORNSIRUPSUD

Zutaten für 4 Personen:

Für den Ahornsirupsud:

½ Bund Koriander

½ TL Korianderkörner

3 EL Ahornsirup

2 EL Sojasauce

1 EL Honig

Salz

Für die Garnelen:

100 g Glasnudeln

12 Garnelen (gekocht)

1 EL grüne Currypaste

Öl zum Frittieren

1 Den Koriander waschen und trockenschütteln, die Blätter abzupfen und fein hacken. Die Korianderkörner in einer Pfanne ohne Fett rösten, bis sie zu duften beginnen, und im Mörser fein zermahlen. Den Ahornsirup mit der Sojasauce, dem Honig, etwas Wasser, dem gemahlenen Koriander und Salz aufkochen und den gehackten Koriander untermischen.

2 Die Glasnudeln mit kochendem Wasser übergießen und etwa 10 Minuten quellen lassen. In ein Sieb abgießen und abtropfen lassen.

3 Die Garnelen bis auf das Schwanzende von der Schale befreien und den Darm entfernen. Die Garnelen waschen, trockentupfen und mit der Currypaste bestreichen. Die Garnelen mit den Glasnudeln umwickeln, dabei das Schwanzende frei lassen.

4 Das Öl in der Fritteuse oder in einem Topf erhitzen und die Garnelen darin etwa 4 Minuten goldbraun frittieren. Mit einer Schaumkelle herausheben, auf Küchenpapier abtropfen lassen und mit dem Ahornsirupsud servieren.

Es gibt rote, gelbe und grüne Currypaste. Die grüne gilt als die schärfste. Wer es nicht ganz so höllisch scharf mag, kann die Garnelen auch mit der roten Currypaste bestreichen.

EINFACH MAL AUSPROBIEREN

Somen-Nudeln

MIT MANGO UND PUTENBRUST

Zutaten für 4 Personen:

300 g Somen-Nudeln (japanische Nudeln aus Weizenmehl)

200 g Putenbrust

Salz

Pfeffer

je 1 gelbe und rote Paprikaschote

2 Mangos

2 EL Öl

1 EL weiße Sesamkörner

1 EL Koriander (fein gehackt)

abgeriebene Schale von 1 unbehandelten Limette

1 Die Somen-Nudeln mit kochendem Wasser übergießen und etwa 7 Minuten quellen lassen. In ein Sieb abgießen und abtropfen lassen.

2 Die Putenbrust waschen, trockentupfen, in dünne Streifen schneiden und mit Salz und Pfeffer würzen. Die Paprika halbieren, entkernen, waschen und in kleine Würfel schneiden. Die Mangos schälen, das Fruchtfleisch zuerst vom Stein und dann in Streifen schneiden.

3 Den Wok erhitzen, 1 EL Öl hineingeben, das Putenfleisch darin rundum anbraten und herausnehmen. Das restliche Öl erhitzen und die Paprika darin anbraten. Die Somen-Nudeln dazugeben und kurz mitbraten. Das Putenfleisch und die Mangostreifen hinzufügen und erwärmen. Den Sesam, den Koriander und die Limettenschale untermischen. Die Somen-Nudeln nach Belieben mit Koriander garnieren.

Probieren Sie dieses Nudelgericht doch auch einmal mit Soba-Nudeln, den japanischen Nudeln aus Buchweizenmehl.

SCHNELL UND RAFFINIERT

Gefüllte Calamaretti

MIT KORIANDER UND INGWER AUF REISNUDELN

Zutaten für 4 Personen:

1 rote Paprikaschote

1 Möhre

50 g Zuckerschoten

100 g Shiitake-Pilze

50 g Ingwer

2 EL Sesamöl

1 EL Sojasauce

Salz

Pfeffer

Zucker

Cayennepfeffer

1 Bund Koriander (fein gehackt)

12 Calamaretti

350 g Reisnudeln

2 Knoblauchzehen

1–2 EL Butter

Das Vorbereiten der Calamaretti mag sich kompliziert anhören, geht aber überraschend schnell und einfach von der Hand.

1 Die Paprika halbieren, entkernen und waschen. Die Möhre putzen und schälen, die Zuckerschoten putzen und waschen, die Pilze putzen. Alles Gemüse in feine Streifen schneiden. Den Ingwer schälen und fein reiben.

2 Das Gemüse in 1 EL Öl andünsten. Den Ingwer und die Sojasauce dazugeben und mit Salz, Pfeffer, Zucker und Cayennepfeffer würzen. Den Koriander untermischen und das Gemüse abkühlen lassen.

3 Die Calamaretti-Fangarme knapp über den Augen so vom Kopf trennen, dass sie durch einen schmalen Ring verbunden bleiben. Die Kauwerkzeuge von unten aus dem Ring drücken und entfernen. Das transparente Fischbein aus dem Körper entfernen. Fangarme und Körper waschen und trockentupfen.

4 Die Tintenfisch-Körper im restlichen, mit Pfeffer vermischten Öl wenden und mit etwa zwei Drittel des Gemüses füllen. Die Öffnungen mit Zahnstochern verschließen und die Tintenfische 30 Minuten kalt stellen.

5 Die Reisnudeln mit kochendem Wasser übergießen und etwa 10 Minuten quellen lassen. In ein Sieb abgießen, mit kaltem Wasser abbrausen und abtropfen lassen. Mit dem restlichen Gemüse erwärmen.

6 Den Knoblauch schälen und in feine Würfel schneiden. Die Tintenfisch-Fangarme und -Körper mit dem Knoblauch in der Butter rundum 3 bis 4 Minuten braten, bis sie leicht Farbe annehmen. Die Tintenfische auf den Gemüse-Reisnudeln anrichten.

GRÜSSE AUS FERNOST

Soba-Nudeln

MIT SHIITAKE-PILZEN UND ZUCKERSCHOTEN

Zutaten für 4 Personen:

300 g Soba-Nudeln (japanische Nudeln aus Buchweizenmehl)

200 g Shiitake-Pilze

1 rote Zwiebel

100 g Zuckerschoten

30 g Ingwer

2 EL geröstete Cashewkerne

1 TL Korianderkörner

1 TL Wasabipulver

1 EL Öl

1 EL Austernsauce

1 EL Sojasauce

2 EL Ahornsirup

Salz

Pfeffer

1 Die Soba-Nudeln mit kochendem Wasser übergießen und etwa 7 Minuten quellen lassen. In ein Sieb abgießen und abtropfen lassen.

2 Die Shiitake-Pilze putzen, mit Küchenpapier trocken abreiben und in Scheiben schneiden. Die Zwiebel schälen und in feine Würfel schneiden. Die Zuckerschoten putzen, waschen und halbieren. Den Ingwer schälen und fein reiben. Die Cashewkerne grob hacken. Die Korianderkörner in einer Pfanne ohne Fett rösten, bis sie zu duften beginnen, und im Mörser fein zermahlen.

3 Das Wasabipulver mit etwas Wasser anrühren. Den Wok erhitzen, das Öl hineingeben und die Pilze darin andünsten. Die Zwiebeln und die Zuckerschoten dazugeben und kurz mitdünsten. Die Austernsauce, die Sojasauce, den Ahornsirup und den Ingwer untermischen und 1 bis 2 Minuten mitkochen lassen.

4 Die Soba-Nudeln mit dem Wasabi unter das Gemüse mischen und kurz erwärmen. Mit Salz, Pfeffer und Koriander würzen. Die Cashewkerne darüber streuen.

Anstelle von Soba-Nudeln kann man auch Somen- oder Mie-Nudeln verwenden.
Wasabi, den japanischen Meerrettich, gibt es als Pulver oder Paste. Das Pulver wird mit etwas Wasser angerührt und muss ein paar Minuten quellen.

HERRLICH EXOTISCH

Kokos-Hähnchen

MIT MIE-NUDELN

Zutaten für 4 Personen:

300 g Mie-Nudeln

Salz

4 Hähnchenbrustfilets (à ca. 150 g)

1 Bund Frühlingszwiebeln

2 Stangen Staudensellerie

1 Knoblauchzehe

1 Stängel Zitronengras

1 Baby-Ananas

1 rote Chilischote

2 EL Öl

1 EL Currypulver

30 g Ingwer (in feinen Würfeln)

100 ml Orangensaft

1 Dose Kokosmilch (400 ml)

1 EL Sojasauce

Salz

Pfeffer

½ Bund Thai-Basilikum

2 EL Erdnüsse

So servieren Sie das Gericht auf ausgefallene Art: Das Fleisch in ausgehöhlte Ananashälften füllen, die Nudeln um Zitronengrasstängel wickeln, kurz rundum anbraten, mit Sesam bestreuen und dazu servieren.

1 Die Mie-Nudeln nach Packungsanweisung in reichlich kochendem Salzwasser bissfest garen, in ein Sieb abgießen und abtropfen lassen.

2 Das Hähnchenfleisch waschen, trockentupfen und in feine Streifen schneiden. Die Frühlingszwiebeln und den Staudensellerie putzen, waschen und in feine Ringe schneiden. Den Knoblauch schälen und mit dem Messerrücken zerdrücken. Das Zitronengras putzen, waschen, den unteren weißen Teil in feine Ringe schneiden und den Stängel weich klopfen. Die Ananas schälen, halbieren und den harten Strunk entfernen. Die Ananashälften in Stücke schneiden. Die Chilischote putzen, waschen und in feine Ringe schneiden.

3 Den Wok erhitzen, 1 EL Öl hineingeben und das Hähnchenfleisch darin rundum anbraten. Den Curry darüber stäuben und kurz anrösten. Das Fleisch aus dem Wok nehmen. Das restliche Öl erhitzen, die Frühlingszwiebeln, den Sellerie und den Knoblauch darin andünsten. Das Zitronengras, den Ingwer, die Ananas, den Orangensaft und die Kokosmilch dazugeben und aufkochen lassen. Den Zitronengrasstängel wieder entfernen.

4 Die Mie-Nudeln und das Hähnchenfleisch in den Wok geben, erwärmen und mit Sojasauce, Salz, Pfeffer und Curry würzen. Das Basilikum waschen und trockenschütteln, die Blätter abzupfen und in Streifen schneiden. Die Chilis, die Erdnüsse und das Basilikum untermischen. Das Kokos-Hähnchen nach Belieben mit Korianderkörnern bestreuen.

EIN TELLER VOLLER GLÜCK

Asia-Cannelloni

MIT HACKFLEISCH UND KOKOSMILCH

Zutaten für 4 Personen:

8 Wan-Tan-Blätter (tiefgekühlt)

1 Zwiebel

1 Knoblauchzehe

½ Bund Koriander

½ TL Korianderkörner

200 g gemischtes Hackfleisch

1 EL Sojasauce

1 EL Austernsauce

Salz

Pfeffer

Fett für die Form

1 Stängel Zitronengras

30 g Ingwer

1 Dose Kokosmilch (400 ml)

1 Eigelb

Das ist sooo lecker! Dieses Gericht habe ich zum ersten Mal bei meinem Freund Wolfgang Müller gegessen und wollte unbedingt sofort das Rezept mit nach Hause nehmen.

1 Die Wan-Tan-Blätter nebeneinander auslegen und auftauen lassen. Die Zwiebel und den Knoblauch schälen und in feine Würfel schneiden. Den Koriander waschen und trockenschütteln, die Blätter abzupfen und fein hacken. Die Korianderkörner in einer Pfanne ohne Fett rösten, bis sie zu duften beginnen, und im Mörser grob zermahlen.

2 Das Hackfleisch mit den Zwiebeln, dem Knoblauch und dem gehackten Koriander vermischen. Die Masse mit der Sojasauce, der Austernsauce, Salz, Pfeffer und dem gemahlenen Koriander würzen. Den Backofen auf 200 °C vorheizen.

3 Eine Auflaufform einfetten. Die Hackfleischmasse auf den Wan-Tan-Blättern verteilen, die Teigblätter zusammenrollen und in die Form legen. Das Zitronengras putzen, waschen, den unteren weißen Teil in feine Ringe schneiden und den Stängel weich klopfen. Den Ingwer schälen und in feine Würfel schneiden.

4 Die Kokosmilch mit dem Eigelb verrühren und über die Teigrollen gießen. Das Zitronengras und den Ingwer zwischen den Teigrollen verteilen und die Cannelloni im vorgeheizten Ofen auf der mittleren Schiene etwa 20 Minuten goldbraun backen. Zum Servieren den Zitronengrasstängel entfernen.

GANZ UND GAR NICHT LANGWEILIG

Glasnudel-Omelette

MIT GEMÜSE UND SCHWEINEFLEISCH

Zutaten für 4 Personen:

Für das Omelette:

200 g Schweinefleisch (Rücken oder Oberschale)

300 g Glasnudeln

1 Möhre

300 g Brokkoli

1 Frühlingszwiebel

4 Eier

Salz

Sojasauce

Currypulver

2 EL Erdnussöl

Für die Marinade:

2 EL Sojasauce

1 EL Fischsauce

1 EL Honig

1 TL Currypulver

½ TL Paprikapulver (edelsüß)

1 EL Sesamöl

1 Das Schweinefleisch in feine Streifen schneiden. Alle Zutaten für die Marinade verrühren. Das Fleisch mit der Marinade vermischen und etwa 1 Stunde im Kühlschrank durchziehen lassen.

2 Die Glasnudeln mit kochendem Wasser übergießen und 7 bis 8 Minuten quellen lassen. In ein Sieb abgießen und abtropfen lassen.

3 Die Möhre putzen, schälen und in Scheiben schneiden. Den Brokkoli putzen, waschen und in kleine Röschen zerteilen. Die Frühlingszwiebel putzen, waschen und in feine Ringe schneiden. Die Eier schaumig rühren und mit Salz, Sojasauce und Curry würzen.

4 Den Wok erhitzen, 1 EL Öl hineingeben, das Fleisch darin rundum anbraten und an den Rand schieben. Das restliche Öl erhitzen und das Gemüse darin andünsten. Das Fleisch und die Glasnudeln untermischen. Die Eier darüber gießen und bei mittlerer Hitze stocken lassen. Das Omelette zum Servieren in Stücke schneiden.

Die Glasnudeln sollen noch schön »al dente« sein, deshalb lässt man sie nicht wie sonst etwa 10 Minuten quellen, sondern nur 7 bis 8 Minuten.

KÖSTLICH FERNÖSTLICH

Scharfes Rinderfilet

AUF KNACKIGEM GEMÜSE

Zutaten für 4 Personen:

400 g Rinderfilet

30 g Ingwer

1 TL Korianderkörner

ca. 4 EL Sojasauce

2 TL Zucker

Pfeffer

300 g Spiralnudeln (z. B. Fusilli)

Salz

100 g Zuckerschoten

je 1 gelbe und rote Paprikaschote

100 g Shiitake-Pilze

3–4 EL Erdnussöl

Ingwerpulver

Chilipulver

200 ml Tomatensaft

Eine günstigere Alternative zu Rinderfilet ist Rindfleisch aus der Hüfte. Statt Spiralnudeln können Sie das Gericht auch mit Glasnudeln oder anderen asiatischen Nudeln zubereiten.

1 Das Rinderfilet in 4 Scheiben und diese in je 3 bis 4 Streifen schneiden. Den Ingwer schälen und in feine Würfel schneiden. Die Korianderkörner in einer Pfanne ohne Fett rösten, bis sie zu duften beginnen, und im Mörser fein zermahlen.

2 Den Ingwer, 2 EL Sojasauce, die Hälfte des Korianders, 1 TL Zucker und Pfeffer zu einer Marinade verrühren. Das Fleisch mit der Marinade vermischen und 2 Stunden im Kühlschrank durchziehen lassen.

3 Die Spiralnudeln nach Packungsanweisung in reichlich kochendem Salzwasser bissfest garen, in ein Sieb abgießen und abtropfen lassen.

4 Die Zuckerschoten putzen und waschen. Die Paprika halbieren, entkernen und waschen. Die Shiitake-Pilze putzen und mit Küchenpapier trocken abreiben. Alles in Streifen schneiden.

5 Den Wok erhitzen, 2 EL Öl hineingeben und das Fleisch darin rundum anbraten. Mit Ingwer und Chili würzen und herausnehmen. Das restliche Öl erhitzen und das Gemüse darin unter Rühren bissfest braten. Den Tomatensaft dazugießen und mit Salz, dem restlichen Zucker, dem restlichen Koriander und der restlichen Sojasauce würzen. Das Fleisch und die Spiralnudeln untermischen und kurz erwärmen.

NUDELN, WIE OMA SIE MACHT

Unsere deutsche Küche ist vielseitig und durch die verschiedenen Regionen geprägt. Und gerade aus Omas Küche kommen viele unserer Lieblingsgerichte. Aber auch Nudeln haben ein enormes Lieblingsgericht-Potenzial. Wenn beides aufeinander trifft, hört sich das verdächtig nach einem Doppelsieg an. Was Oma sich rund um die Nudel einfallen ließ, ist also mindestens ein Kapitel wert!

BOSCH

NICHT NUR KUCHEN GIBT'S VOM BLECH

Omas bunte Blechnudeln

MIT GEMÜSE-SAHNE

Zutaten für 4 Personen:

Für den Nudelteig:

500 g Mehl

6 Eier

Salz

Muskatnuss (frisch gerieben)

Für die Gemüse-Sahne:

2 Stangen Lauch

6 Tomaten

½ Bund Petersilie (fein gehackt)

3 Eier

120 g Sahne

Salz

Pfeffer

Fett für das Backblech

100 g alter Gouda (gerieben)

1 Das Mehl mit den Eiern, Salz, Muskatnuss und 100 ml Wasser zu einem glatten Teig verrühren. Den Teig portionsweise in einen Spätzlehobel (Knöpflehobel) oder eine Spätzlepresse (ersatzweise Kartoffelpresse) geben und in leicht kochendes Salzwasser hobeln bzw. pressen. Die Spätzle mit einer Schaumkelle herausheben, sobald sie nach oben steigen, mit kaltem Wasser abbrausen und abtropfen lassen.

2 Den Backofen auf 160 °C vorheizen. Den Lauch putzen, waschen und in feine Ringe schneiden. Die Tomaten waschen, vierteln, entkernen und in kleine Würfel schneiden. Die Petersilie waschen und trockenschütteln, die Blätter abzupfen und fein hacken. Die Eier mit der Sahne verquirlen, mit Salz und Pfeffer würzen und die Petersilie untermischen.

3 Ein Backblech einfetten und die Spätzle, den Lauch und die Tomaten darauf verteilen. Die Sahne-Ei-Masse darüber gießen und den Käse darüber streuen. Die Nudeln im vorgeheizten Ofen auf der mittleren Schiene 10 bis 15 Minuten goldbraun backen.

Dazu passt ein gemischter Blattsalat mit einer Vinaigrette aus Aceto balsamico, Olivenöl, Salz, Pfeffer und Zucker. Alternativ kann man die Nudeln auch in 4 kleinen Formen backen.

HER MIT DEM JUNGEN GEMÜSE

Frühlingseintopf

MIT HÖRNCHEN

Zutaten für 4 Personen:

3 Frühkartoffeln

3 Möhren

1 Bund Frühlingszwiebeln

1 rote Paprikaschote

2 Fleischtomaten

1 l Gemüsefond oder -brühe

250 g Hörnchennudeln

Salz

1 Bund Petersilie

Pfeffer

Zucker

2 EL Olivenöl

1 Die Kartoffeln schälen und in kleine Würfel schneiden. Die Möhren putzen, schälen und in Scheiben schneiden. Die Frühlingszwiebeln putzen, waschen und in feine Ringe schneiden. Die grünen Frühlingszwiebelringe beiseite legen. Die Paprika halbieren, entkernen, waschen und in kleine Würfel schneiden. Die Tomaten waschen, vierteln, entkernen und ebenfalls in kleine Würfel schneiden.

2 Den Gemüsefond oder die Gemüsebrühe in einem Topf zum Kochen bringen. Die Kartoffeln, die Möhren, die weißen Frühlingszwiebelringe und die Paprika darin bei schwacher Hitze 15 Minuten garen.

3 Die Hörnchennudeln nach Packungsanweisung in reichlich kochendem Salzwasser bissfest garen, in ein Sieb abgießen und abtropfen lassen.

4 Die Petersilie waschen und trockenschütteln, die Blätter abzupfen und fein hacken. Die Hörnchennudeln und die Tomaten in den Gemüseeintopf geben und noch einmal aufkochen lassen. Mit Salz, Pfeffer, Zucker und dem Öl abschmecken. Den Eintopf mit der Petersilie und den grünen Frühlingszwiebelringen bestreuen.

Diesen Eintopf kann man wahlweise mit jedem Gemüse der Saison und mit Würstchen jeder Art ergänzen.

AUSLÖFFELN UND GLÜCKLICH SEIN

Gemüsesuppe

MIT BANDNUDELN UND GEFLÜGELLEBERN

Zutaten für 4 Personen:

2 Möhren

1 Knollensellerie

1 Stange Lauch

1 l Hühnerbrühe

150 g Bandnudeln

Salz

150 g Geflügellebern

2 EL Olivenöl

Pfeffer

1 EL Petersilie (gehackt)

1 TL Majoran (gehackt)

1 Tasse Backerbsen

1 Die Möhren und den Sellerie putzen, schälen und in feine Streifen schneiden. Den Lauch putzen, waschen und ebenfalls in feine Streifen schneiden. Die Hühnerbrühe in einem Topf zum Kochen bringen und das Gemüse darin bei schwacher Hitze etwa 15 Minuten garen.

2 Die Bandnudeln nach Packungsanweisung in reichlich kochendem Salzwasser bissfest garen, in ein Sieb abgießen und abtropfen lassen.

3 Die Geflügellebern waschen, mit Küchenpapier trockentupfen und in kleine Würfel schneiden. Das Öl in einer Pfanne erhitzen und die Lebern darin bei mittlerer Hitze rundum anbraten. Mit Salz und Pfeffer würzen.

4 Die Bandnudeln mit den Kräutern zum Gemüse in die Brühe geben und kurz erwärmen. Auf Teller verteilen und mit den Geflügellebern und den Backerbsen bestreuen.

Besonders lecker schmeckt die Suppe natürlich, wenn Sie die Hühnerbrühe selbst herstellen. Aber auch mit Instant-Hühnerbrühe ist er genial.

DEFTIG, EINFACH, KÖSTLICH

Maultaschen

MIT METTWURST UND SPINAT

Zutaten für 4 Personen:

Für den Nudelteig:

400 g Mehl

9 Eigelb

1–2 EL Olivenöl

Salz

Mehl für die Arbeitsfläche

Für die Mettwurstfüllung:

300 g Blattspinat (tiefgekühlt)

1 Zwiebel

300 g grobe Mettwurst

1 EL Butter

1 EL Semmelbrösel

Salz

Pfeffer

Außerdem:

1 l Gemüsebrühe

100 g Butter

Die Maultaschen können mit geriebenem Käse, mit in Butter gebratenen Zwiebeln oder mit einem Spinat-Tomaten-Gemüse serviert werden. Und natürlich passt auch Salat dazu.
Sobald die Maultaschen in der Brühe sind, darf diese auf keinen Fall mehr kochen, da sonst die Maultaschen aufplatzen.

1 Das Mehl auf die Arbeitsfläche sieben und in die Mitte eine Mulde drücken. 8 Eigelb, das Öl und 1/2 TL Salz in der Mulde verrühren. Nach und nach das Mehl untermischen und alles zu einem geschmeidigen Teig kneten. Den Teig in Frischhaltefolie wickeln und etwa 1 Stunde im Kühlschrank ruhen lassen.

2 Den Spinat in einem Topf bei schwacher Hitze langsam auftauen lassen, gut ausdrücken und grob hacken.

3 Die Zwiebel schälen und in feine Würfel schneiden. Die Mettwurst in kleine Würfel schneiden. Die Butter in einer Pfanne zerlassen und die Zwiebeln darin andünsten. Den Spinat und die Semmelbrösel dazugeben und mit Salz und Pfeffer würzen. Die Pfanne vom Herd nehmen, die Mettwurst untermischen und die Masse abkühlen lassen.

4 Den Nudelteig auf der bemehlten Arbeitsfläche etwa 2 mm dick ausrollen und Rechtecke von 6 x 13 cm ausschneiden. Jeweils 2 EL Mettwurstfüllung auf die Rechtecke geben, dabei jeweils die Hälfte der Fläche freilassen. Das restliche Eigelb mit etwas Wasser verquirlen und die Teigränder damit bestreichen. Die andere Teighälfte über die Füllung klappen und die Ränder andrücken.

5 Die Gemüsebrühe zum Kochen bringen und die Maultaschen darin bei schwacher Hitze etwa 15 Minuten gar ziehen lassen. Die Butter zerlassen. Die Maultaschen mit einer Schaumkelle herausheben, auf vorgewärmten Tellern anrichten und mit der heißen Butter begießen.

EINE TEIGTASCHE EROBERT DIE WELT

Schwäbische Maultaschen

MIT KALBSBRÄT

Zutaten für 4 Personen:

Für den Nudelteig:

300 g Mehl

4 Eier

Salz

1 TL Kurkumapulver

Mehl für die Arbeitsfläche

Für die Kalbsbrätfüllung:

200 g Blattspinat (tiefgekühlt)

½ Bund Petersilie

200 g gemischtes Hackfleisch

150 g Kalbsbrät

1 Ei

Salz

Pfeffer

Muskatnuss (frisch gerieben)

Außerdem:

2½ l Fleischbrühe

4 Zwiebeln

100 g Butter

Selbst gemachte Maultaschen sind ein Traum! Zudem bekommt man eine schöne Brühe, aus der man am nächsten Tag eine leckere Suppe zaubern kann.

1 Das Mehl auf die Arbeitsfläche sieben und in die Mitte eine Mulde drücken. Die Eier, 1 gute Prise Salz, Kurkuma und etwa 6 EL Wasser in der Mulde verrühren. Nach und nach das Mehl untermischen und alles zu einem geschmeidigen Teig kneten. Den Teig in Frischhaltefolie wickeln und 1 Stunde im Kühlschrank ruhen lassen.

2 Den Spinat in einem Topf bei schwacher Hitze langsam auftauen lassen, gut ausdrücken und grob hacken. Die Petersilie waschen und trockenschütteln, die Blätter abzupfen und fein hacken. Das Hackfleisch mit dem Kalbsbrät, dem Spinat, der Petersilie und dem Ei vermischen. Mit Salz, Pfeffer und Muskatnuss würzen.

3 Den Nudelteig auf der bemehlten Arbeitsfläche etwa 2 mm dick ausrollen und auf einer Hälfte die Füllung verteilen. Die zweite Hälfte darüber klappen und mit einem Kochlöffelstiel beliebige Maultaschenformen eindrücken (Quadrate, Rauten, Dreiecke). Die Maultaschen mit einem Messer oder Teigrädchen ausschneiden und die Ränder gut andrücken.

4 Die Fleischbrühe in einem Topf zum Kochen bringen und die Maultaschen darin bei schwacher Hitze etwa 10 Minuten gar ziehen lassen.

5 Die Zwiebeln schälen und in feine Ringe schneiden. Die Butter in einer Pfanne zerlassen und die Zwiebeln darin goldbraun braten. Die Maultaschen mit etwas Brühe in tiefe Teller verteilen und mit den Zwiebeln bestreuen.

MACHT APPETIT AUF MEHR...

Spinattaschen

MIT SALBEI-WALNUSS-BUTTER

Zutaten für 4 Personen:

Für den Nudelteig:

400 g Mehl

5 Eier

2 EL Traubenkernöl

Salz

Mehl für die Arbeitsfläche

Für die Spinatfüllung:

800 g Blattspinat (tiefgekühlt)

2 Schalotten

2 EL Butter

200 g Frischkäse

100 g alter Gouda (gerieben)

Salz

Pfeffer

Muskatnuss (frisch gerieben)

Außerdem:

70 g Walnusskerne

80 g Butter

ca. 12 Salbeiblätter

Salz

Pfeffer

Zur Abwechslung können Sie die Walnüsse durch Pinienkerne und den Salbei durch Basilikum ersetzen.

1 Das Mehl auf die Arbeitsfläche sieben und in die Mitte eine Mulde drücken. 4 Eier, das Öl und 1 gute Prise Salz in der Mulde verrühren. Nach und nach das Mehl untermischen und alles zu einem geschmeidigen Teig kneten. Den Teig in Frischhaltefolie wickeln und 1 Stunde im Kühlschrank ruhen lassen.

2 Den Spinat bei schwacher Hitze langsam auftauen lassen, gut ausdrücken und grob hacken. Die Schalotten schälen, in feine Würfel schneiden und in der Butter andünsten. Den Spinat dazugeben, 2 bis 3 Minuten mitdünsten und abkühlen lassen.

3 Den Frischkäse und den Gouda mit dem Spinat vermischen und die Masse mit Salz, Pfeffer und Muskatnuss würzen.

4 Den Teig in 3 Portionen teilen und diese nacheinander auf der bemehlten Arbeitsfläche etwa 2 mm dick ausrollen. Mit einem Messer oder Teigrädchen Rechtecke von 6 x 8 cm ausschneiden. In die Mitte jedes Rechtecks 1 EL Spinat-Käse-Masse geben. Das restliche Ei verquirlen und die Teigränder damit bestreichen. Die Rechtecke zur schmalen Seite hin zusammenklappen und die Ränder gut andrücken.

5 Die Spinattaschen in leicht sprudelndem Salzwasser 5 bis 7 Minuten garen. Die Walnüsse grob hacken. Die Butter zerlassen und die Walnüsse darin rösten. Den Salbei dazugeben, 1 Minute mitbraten und mit Salz und Pfeffer würzen. Die Spinattaschen auf vorgewärmten Tellern anrichten und mit der Salbei-Walnuss-Butter beträufeln.

SCHWEINELECKER

Sauerkraut-Tortellini

MIT GEBRATENER LEBERWURST

Zutaten für 4 Personen:

1 Zwiebel

1 EL Butter

1 EL Mehl

100 g Sahne

200 g Sauerkraut (aus der Dose)

Salz

Pfeffer

500 g Tortellini

1 TL Majoran (fein gehackt)

12 fingerdicke Scheiben Leberwurst (3–4 cm ∅)

Mehl zum Wenden

1 EL Öl

1 Die Zwiebel schälen und in feine Würfel schneiden. Die Butter in einer Pfanne zerlassen und die Zwiebeln darin andünsten. Das Mehl darüber stäuben, kurz anrösten und mit der Sahne ablöschen. Das Sauerkraut hinzufügen, mit Salz und Pfeffer würzen und bei mittlerer Hitze weich schmoren.

2 Die Tortellini nach Packungsanweisung in reichlich kochendem Salzwasser bissfest garen, in ein Sieb abgießen und abtropfen lassen. Mit dem Majoran unter das Sauerkraut mischen.

3 Die Leberwurst vom Darm befreien und in Mehl wenden. Das Öl in einer Pfanne erhitzen und die Leberwurst darin auf beiden Seiten goldbraun braten. Die Sauerkraut-Tortellini mit der Leberwurst anrichten.

Ein tolles Gericht für den richtig großen Hunger. Es ist superschnell zubereitet und zudem sehr günstig.

NOSTALGISCHES IN FORM GEBRACHT

Nudelgugelhupf

MIT SCHINKEN

Zutaten für 4 Personen:

250 g Makkaroni (lange Röhrennudeln)

Salz

250 g gekochter Schinken (am Stück)

5 EL Butter

1 Bund Petersilie

2 EL Semmelbrösel

Pfeffer

Muskatnuss (frisch gerieben)

Fett für die Form

5 Eier

1 Die Makkaroni in 4 bis 6 cm lange Stücke brechen. Nach Packungsanweisung in reichlich kochendem Salzwasser bissfest garen, in ein Sieb abgießen, kalt abbrausen und abtropfen lassen.

2 Den Schinken in kleine Würfel schneiden. Die Butter in einer Pfanne zerlassen, den Schinken darin anbraten und in einer Schüssel abkühlen lassen. Die Petersilie waschen und trockenschütteln, die Blätter abzupfen und fein hacken. Mit den Semmelbröseln zum Schinken geben und mit Salz, Pfeffer und Muskatnuss würzen.

3 Den Backofen auf 175 °C vorheizen. Eine Gugelhupfform einfetten. Die Eier verquirlen und mit den Makkaroni unter die Schinkenmasse mischen. Mit Salz und Pfeffer abschmecken.

4 Die Nudelmasse in die Gugelhupfform füllen, die Form sollte nur zu zwei Dritteln gefüllt sein. Den Nudelgugelhupf in die mit Wasser gefüllte Fettpfanne des Backofens stellen und im vorgeheizten Ofen auf der mittleren Schiene etwa 1 Stunde garen. Den heißen Gugelhupf auf eine Platte stürzen und sofort servieren.

Der Nudelgugelhupf ist das ideale Essen für den Kindergeburtstag.
Wer möchte, mischt noch 150 g aufgetaute Erbsen unter die Nudelmasse.
Anstelle der Makkaroni kann man den Gugelhupf auch mit Penne zubereiten.

DAMIT WICKELT MAN JEDEN EIN!

Nudelrollen

MIT HACKFLEISCHFÜLLUNG IN TOMATENSAUCE

Zutaten für 4 Personen:

Für den Nudelteig:

400 g Mehl

5 Eier

1–2 EL Olivenöl

Salz

Mehl für die Arbeitsfläche

Für die Hackfleischfüllung:

4 kleine Zucchini

Salz

2 Zwiebeln

2 Knoblauchzehen

1 EL Olivenöl

6 Zweige Thymian (fein gehackt)

500 g Rinderhackfleisch

Pfeffer

Für die Tomatensauce:

1 Zwiebel (in feinen Würfeln)

2 EL Olivenöl

600 g Tomaten (aus der Dose)

Salz

Pfeffer

Zucker

Außerdem:

200 g Parmesan (gerieben)

1 Das Mehl auf die Arbeitsfläche sieben und in die Mitte eine Mulde drücken. 4 Eier, das Öl und 1 gute Prise Salz in der Mulde verrühren. Nach und nach das Mehl untermischen und alles zu einem geschmeidigen Teig kneten. Den Teig in Frischhaltefolie wickeln und 1 Stunde im Kühlschrank ruhen lassen.

2 Die Zucchini putzen, waschen, auf der Gemüsereibe grob raspeln und kräftig mit Salz würzen. Die Zwiebeln und den Knoblauch schälen und in feine Würfel schneiden. Das Öl in einer Pfanne erhitzen, die Zwiebeln und den Knoblauch darin andünsten. Die Zucchini in einem Küchentuch auspressen und mit den Zwiebeln, dem Knoblauch und dem Thymian unter das Hackfleisch mischen. Die Masse kräftig mit Salz und Pfeffer würzen.

3 Den Teig in 3 Portionen teilen und diese nacheinander auf der bemehlten Arbeitsfläche etwa 2 mm dick ausrollen. Mit einem Messer oder Teigrädchen etwa 10 cm breite Nudelbahnen ausschneiden. Die Hackfleischmasse darauf verteilen, dabei an den oberen Enden einen Rand lassen. Das restliche Ei verquirlen, die Teigränder damit bestreichen und die Nudelbahnen einrollen.

4 Den Backofen auf 180 °C vorheizen. Für die Sauce die Zwiebelwürfel im Öl andünsten. Die Tomaten dazugeben, mit einer Gabel leicht zerdrücken und 10 Minuten köcheln lassen. Mit Salz, Pfeffer und Zucker würzen und in eine Auflaufform geben. Die Nudelrollen darauf legen, mit dem Parmesan bestreuen und im vorgeheizten Ofen auf der mittleren Schiene etwa 20 Minuten garen.

NICHT NUR FÜR DEN BÄRENHUNGER

Ravioli

MIT BÄRLAUCH-RICOTTA-FÜLLUNG

Zutaten für 4 Personen:

Für den Nudelteig:

250 g Mehl

1 EL Butter

2 Eier

2 Eigelb

Salz

1 Msp. Kurkumapulver

Mehl für die Arbeitsfläche

Für die Bärlauch-Ricotta-Füllung:

1 TL Korianderkörner

5 Bund Bärlauch

2 EL Butter

500 g Ricotta

3 Eigelb

2 EL Parmesan (gerieben)

Salz

Pfeffer

Zucker

Bärlauch kann man von März bis Anfang Mai ernten. Eine gute Alternative außerhalb der Saison ist junger Spinat, mit 1 bis 2 fein gewürfelten Knoblauchzehen gemischt.
Als Beilage zu den Ravioli schmeckt eine einfache Tomatensauce am besten.

1 Das Mehl auf die Arbeitsfläche sieben und in die Mitte eine Mulde drücken. Die Butter mit den Eiern, 1 Eigelb, 1/2 TL Salz und Kurkuma in der Mulde verrühren. Nach und nach das Mehl untermischen und alles zu einem geschmeidigen Teig kneten. Falls nötig, noch etwas Mehl oder Wasser hinzufügen. Den Teig in Frischhaltefolie wickeln und 1 Stunde im Kühlschrank ruhen lassen.

2 Die Korianderkörner in einer Pfanne ohne Fett rösten, bis sie zu duften beginnen, und im Mörser fein zermahlen. Den Bärlauch verlesen, waschen, trockenschleudern und in feine Streifen schneiden. Die Butter zerlassen und erhitzen, bis sie eine zartbraune Farbe angenommen hat. Den Bärlauch mit der Butter, dem Ricotta, dem Eigelb und dem Parmesan verrühren. Die Masse mit Salz, Pfeffer, Koriander und Zucker würzen.

3 Den Nudelteig auf der leicht bemehlten Arbeitsfläche etwa 2 mm dick ausrollen. Auf eine Teighälfte im Abstand von 3 bis 4 cm kleine Häufchen der Bärlauchmasse setzen. Das restliche Eigelb mit etwas Wasser verquirlen und die Zwischenräume damit bestreichen. Die andere Teighälfte locker darüber klappen und zwischen den Bärlauchhäufchen gut andrücken. Mit einem Messer oder Teigrädchen Quadrate ausschneiden.

4 Die Ravioli in reichlich kochendem Salzwasser bei schwacher Hitze 3 bis 4 Minuten gar ziehen lassen. Die Ravioli mit einer Schaumkelle herausheben, sobald sie nach oben steigen, und sofort servieren.

RICHTIG GÜNSTIG, RICHTIG LECKER

Lauch-Lasagne

MIT MANDELKRUSTE

Zutaten für 4 Personen:

800 g Lauch

3 EL Olivenöl

Salz

Pfeffer

Muskatnuss (frisch gerieben)

100 g Butter

60 g Mehl

1/4 l Milch

1/2 l Gemüsebrühe

100 g Gouda (gerieben)

200 g Schmelzkäse

2 EL Kräutermischung (tiefgekühlt)

Fett für die Form

12 Lasagneplatten

60 g Mandelblättchen

Lauch, auch Porree genannt, hat zweimal im Jahr Saison: in den Frühlings- und Sommermonaten sowie im Winter. Sommerlauch ist schlanker, zarter und milder im Geschmack; Winterlauch hat einen dickeren, gedrungenen Schaft und ein kräftigeres Aroma.

1 Den Lauch putzen, waschen und in feine Ringe schneiden. Das Öl in einer großen Pfanne erhitzen und den Lauch darin etwa 5 Minuten dünsten. Mit Salz, Pfeffer und Muskatnuss würzen und in einer Schüssel abkühlen lassen.

2 Den Backofen auf 190 °C vorheizen. In einem Topf 60 g Butter zerlassen und das Mehl darin unter Rühren anschwitzen. Nach und nach die Milch und die Gemüsebrühe unterrühren und die Sauce unter Rühren bei schwacher Hitze 8 bis 10 Minuten köcheln lassen. Den Gouda und den Schmelzkäse in der Sauce schmelzen lassen. Die Kräuter dazugeben, die Sauce mit Salz und Pfeffer würzen und vom Herd nehmen.

3 Eine Auflaufform einfetten und etwas Kräutersauce hineingeben. Die Form mit Lasagneplatten auslegen, eine Schicht Lauch und eine Schicht Sauce darauf geben. Mit Lasagneplatten bedecken. So weiterverfahren, bis alle Zutaten aufgebraucht sind. Die Lasagne im vorgeheizten Ofen auf der mittleren Schiene 35 bis 45 Minuten goldbraun backen. Nach 20 Minuten Backzeit die Mandelblättchen darüber streuen und die restliche Butter in Flöckchen darauf setzen.

FIX WAS FÜR DEN GROSSEN HUNGER

Schinken-Lasagne

MIT KÄSEKNÖPFLE

Zutaten für 4 Personen:

Für den Nudelteig:

800 g Mehl

10 Eier

Salz

Pfeffer

Muskatnuss (frisch gerieben)

Außerdem:

1 Bund Petersilie

je 200 g Emmentaler und Bergkäse

Fett für die Form

400 g gekochter Schinken (in Scheiben)

1 Das Mehl und die Eier mit dem Kochlöffel zu einem glatten Teig verrühren und mit Salz, Pfeffer und Muskatnuss würzen. Den Teig schlagen, bis Blasen entstehen.

2 Reichlich Salzwasser zum Kochen bringen. Den Teig mit einem Spätzlehobel (Knöpflehobel) oder einer Spätzlepresse portionsweise hineinhobeln bzw. -pressen. Die Spätzle mit einer Schaumkelle herausheben, sobald sie nach oben steigen, mit kaltem Wasser abbrausen und gut abtropfen lassen. Den Backofen auf 180 °C vorheizen.

3 Die Petersilie waschen und trockenschütteln, die Blätter abzupfen und fein hacken. Die beiden Käsesorten fein reiben. Eine Auflaufform einfetten und mit Schinken auslegen. Eine Schicht Spätzle darauf geben, mit etwas Käse und Petersilie bestreuen und mit Schinken bedecken. So weiterverfahren, bis alle Zutaten aufgebraucht sind.

4 Die Schinken-Lasagne im vorgeheizten Ofen auf der mittleren Schiene etwa 15 Minuten goldbraun backen.

Zu der Lasagne passt ein Endivien- oder Tomatensalat.
Wer möchte, kann die Lasagne auf einer feinen Tomatensauce servieren.

WINTERZEIT, KOHLZEIT!

Rotkohl-Lasagne

MIT HIRSE UND BLAUSCHIMMELKÄSE

Zutaten für 4 Personen:

12 Lasagneplatten

Salz

10 Trockenpflaumen

3 Birnen

3 EL Walnusskerne

500 g Rotkohl (aus der Dose)

Pfeffer

200 g Sahne

2 EL Hirse

100 g Blauschimmelkäse

Muskatnuss (frisch gerieben)

Fett für die Form

1 Die Lasagneplatten nach Packungsanweisung in reichlich kochendem Salzwasser bissfest garen, in ein Sieb abgießen, abtropfen lassen und auf einem Küchentuch nebeneinander auslegen.

2 Die Pflaumen fein hacken. Die Birnen schälen, vierteln, entkernen und in kleine Würfel schneiden. Die Walnüsse grob hacken. Den Rotkohl mit den Pflaumen und den Birnen in einem Topf aufkochen lassen und bei schwacher Hitze weich schmoren. Die Walnüsse dazugeben und mit Salz und Pfeffer würzen.

3 Den Backofen auf 180 °C vorheizen. Die Sahne aufkochen, die Hirse unter Rühren dazugeben und bei schwacher Hitze etwa 15 Minuten weich garen. Den Käse zerbröckeln und in der Hirsemilch schmelzen lassen. Mit Salz und Muskatnuss würzen.

4 Eine Auflaufform einfetten und mit Lasagneplatten auslegen. Etwas Rotkohl darauf geben und mit Lasagneplatten bedecken. So weiterverfahren, bis alle Zutaten aufgebraucht sind. Auf die oberste Nudelschicht die Hirse-Käse-Masse verteilen. Die Lasagne im vorgeheizten Ofen auf der mittleren Schiene etwa 15 Minuten goldbraun backen.

Blauschimmelkäse kann je nach Sorte sehr unterschiedlich schmecken. Wer einen mild-aromatischen Geschmack bevorzugt, nimmt am besten italienischen Sahnegorgonzola. Für ein würzig-pikantes Aroma sorgt der französische Roquefort.

SCHICHTNUDELN MADE IN GERMANY

Leberwurst-Lasagne

MIT SAUERKRAUT UND ÄPFELN

Zutaten für 4 Personen:

12 Lasagneplatten

Salz

2–3 säuerliche Äpfel (z. B. Boskop)

½ Bund Petersilie

3 EL Walnusskerne

1 Zwiebel

2 EL Butter

2 EL Tomatenmark

200 g Hausmacher Leberwurst

Pfeffer

Muskatnuss (frisch gerieben)

Fett für die Form

300 g Sauerkraut (aus der Dose)

1 EL Mehl

¼ l Milch

80 g Parmesan (gerieben)

Wer keine Leberwurst mag, nimmt stattdessen klein gewürfelten Schinken oder klein gewürfeltes Kasseler.

1 Die Lasagneplatten nach Packungsanweisung in reichlich kochendem Salzwasser bissfest garen, in ein Sieb abgießen, abtropfen lassen und auf einem Küchentuch nebeneinander auslegen.

2 Die Äpfel schälen, vierteln, entkernen und in Scheiben schneiden. Die Petersilie waschen und trockenschütteln, die Blätter abzupfen und fein hacken. Die Walnüsse fein hacken. Die Zwiebel schälen und in feine Würfel schneiden.

3 In einer Pfanne 1 EL Butter zerlassen und die Zwiebeln darin andünsten. Die Äpfel dazugeben und mitdünsten. Das Tomatenmark, die Petersilie, die Walnüsse und die zimmerwarme Leberwurst unterrühren. Die Masse mit Pfeffer und Muskatnuss würzen.

4 Eine Auflaufform einfetten und mit Lasagneplatten auslegen. Eine Schicht Sauerkraut und eine Schicht Leberwurstmasse darauf geben. Mit Lasagneplatten bedecken. So weiterverfahren, bis alle Zutaten aufgebraucht sind. Den Backofen auf 200 °C vorheizen.

5 Für die Sauce die restliche Butter zerlassen und das Mehl darin anschwitzen. Nach und nach die Milch unterrühren und die Sauce unter Rühren bei schwacher Hitze etwa 10 Minuten köcheln lassen. Mit Salz, Pfeffer und Muskatnuss würzen. Die Sauce über die Lasagne gießen und den Parmesan darüber streuen. Die Lasagne im vorgeheizten Ofen auf der mittleren Schiene etwa 25 Minuten goldbraun backen.

DEM HIMMEL SO NAH

Lammfilet

MIT BOHNEN, BIRNEN UND BANDNUDELN

Zutaten für 4 Personen:

1 Zwiebel

80 g Schinkenspeck

2 Birnen

500 g Brechbohnen

2 EL Öl

600 g Lammfilet

500 g Tagliatelle (oder andere Bandnudeln)

Salz

1 EL Butter

je 4–6 Stiele Bohnenkraut und Majoran (beides fein gehackt)

Pfeffer

So mag meine Oma Lamm am liebsten – und ich mag es auch!
Das Lamm immer erst nach dem Braten würzen, weil das Salz sonst dem Fleisch Wasser entzieht, das für die Zartheit des Lamms mitverantwortlich ist.

1 Die Zwiebel schälen und in feine Würfel schneiden. Den Schinkenspeck in feine Streifen schneiden. Die Birnen schälen, vierteln, entkernen und ebenfalls in feine Streifen schneiden. Die Bohnen putzen und waschen. Den Backofen auf 170 °C vorheizen.

2 Das Öl in einer Pfanne erhitzen und das Lammfilet darin rundum scharf anbraten. Das Fleisch auf einem Bratrost in den vorgeheizten Ofen geben, die Fettauffangschale darunter schieben und das Lamm 7 bis 9 Minuten rosa garen.

3 Die Tagliatelle nach Packungsanweisung in reichlich kochendem Salzwasser bissfest garen, in ein Sieb abgießen und abtropfen lassen.

4 Die Butter in der Lammfilet-Pfanne zerlassen, die Zwiebeln und den Speck darin anbraten. Die Bohnen, die Kräuter und ein paar Esslöffel Wasser dazugeben und die Bohnen weich dünsten. Die Birnen untermischen und mit Salz und Pfeffer würzen.

5 Das Lammfilet mit Salz und Pfeffer würzen, in Scheiben schneiden und mit den Tagliatelle und den Bohnen auf vorgewärmten Tellern anrichten.

SÜSSES AUS KINDERTAGEN

Milchnudeln

MIT SAUERKIRSCHEN

Zutaten für 4 Personen:

1 Vanilleschote

1 l Milch

3 EL Zucker

3 EL Puddingpulver

Salz

250 g kleine Muschelnudeln

1 Glas Schattenmorellen (700 g)

1 Die Vanilleschote längs aufschneiden und das Mark mit einem kleinen Messer herauskratzen. Die Milch mit dem Zucker, dem Vanillemark, 1 EL Puddingpulver und 1 Prise Salz in einem Topf verrühren und ohne umzurühren (damit die Milch nicht anbrennt) aufkochen lassen.

2 Die Nudeln in die Milch geben, einmal umrühren und bei schwacher Hitze 8 bis 10 Minuten bissfest garen.

3 Die Schattenmorellen in ein Sieb abgießen, dabei den abtropfenden Saft auffangen. Die Kirschen in eine Schüssel geben. 2 bis 3 EL Kirschsaft mit dem restlichen Puddingpulver verrühren.

4 Den restlichen Kirschsaft in einem Topf zum Kochen bringen und das angerührte Puddingpulver unterrühren. Die Flüssigkeit unter Rühren bei schwacher Hitze 5 Minuten sämig einkochen lassen. Die Kirschen untermischen. Die Milchnudeln mit dem Kirschkompott auf Tellern anrichten.

Anstelle der Muschelnudeln können auch andere kleine Nudeln genommen werden. Probieren Sie dazu auch einmal ein Kompott aus Pfirsichen oder Zwetschgen.

WÄRMSTENS ZU EMPFEHLEN

Süßer Nudelauflauf

MIT KIRSCHEN UND MARONEN

Zutaten für 4–8 Personen:

300 g Fusilli (Spiralnudeln)

Salz

300 g Maronen (aus dem Glas)

200 g Schattenmorellen (aus dem Glas)

1 Vanilleschote

Fett für die Form

3 Eier

2 EL Butter

4 EL Honig

5 EL Sahne

4 EL Zucker

Je nachdem, ob Sie den Auflauf als süßes Hauptgericht oder als Dessert servieren, reicht er für 4 bis 8 Personen. Als Beilage passt Fruchtkompott oder Eis.

1 Die Fusilli nach Packungsanweisung in reichlich kochendem, nur leicht gesalzenem Wasser bissfest garen, in ein Sieb abgießen und abtropfen lassen.

2 Die Maronen in ein Sieb abgießen, abtropfen lassen und fein hacken. Die Kirschen ebenfalls in ein Sieb abgießen und abtropfen lassen. Die Vanilleschote längs aufschneiden und das Mark mit einem kleinen Messer herauskratzen.

3 Den Backofen auf 220 °C vorheizen. Eine Auflaufform einfetten. Die Eier trennen. Die Butter in einer Pfanne zerlassen und die Maronen mit dem Honig darin anrösten. Die Kirschen untermischen. Das Vanillemark, die Sahne und das Eigelb verrühren und unter die Kirschen mischen. Die Nudeln dazugeben.

4 Das Eiweiß steif schlagen, dabei den Zucker einrieseln lassen und weiterschlagen, bis er sich aufgelöst hat. Den Eischnee unter die Nudel-Kirsch-Masse heben.

5 Die Nudel-Kirsch-Masse in die Form füllen und den Auflauf im vorgeheizten Ofen auf der mittleren Schiene etwa 20 Minuten goldbraun backen.

DIE SIND KULT!

Mohnschupfnudeln

MIT VANILLE UND QUARK

Zutaten für 4 Personen:

250 g mehlig kochende Kartoffeln

Salz

1 Vanilleschote

200 g Magerquark

1 Eigelb

½ EL Hartweizengrieß

1 EL Mehl

4 EL Mohnsamen (gemahlen)

abgeriebene Schale von je 1 unbehandelten Orange und Zitrone

Zucker

120 g Butter

1 TL Honig

1 Prise Zimtpulver

Man kann die Mohnschupfnudeln solo servieren oder ein Fruchtkompott (z. B. aus Birnen) oder Vanillesauce dazu reichen. Die Teigmenge reicht für 4 Personen als Dessert. Wenn Sie die Schupfnudeln als Hauptgericht servieren möchten, die angegebenen Mengen einfach verdreifachen.

1 Die Kartoffeln schälen und in Salzwasser gar kochen. Die Kartoffeln abgießen und etwas abdampfen lassen. Durch die Kartoffelpresse drücken und auskühlen lassen.

2 Die Vanilleschote längs aufschneiden und das Mark mit einem kleinen Messer herauskratzen. Die Kartoffelmasse mit dem Quark, dem Eigelb, dem Vanillemark, dem Grieß, dem Mehl, 2 EL Mohn, der Orangen- und Zitronenschale und je 1 Prise Salz und Zucker zu einem geschmeidigen Teig kneten.

3 Vom Kartoffelteig kleine Portionen abnehmen und zu Rollen formen, die an den Enden spitz zulaufen. Reichlich Wasser mit 1 gehäuften TL Salz aufkochen und die Schupfnudeln darin portionsweise gar ziehen lassen. Die Nudeln mit einer Schaumkelle herausheben, sobald sie nach oben steigen, mit kaltem Wasser abbrausen und auf einem Küchentuch trocknen lassen.

4 Die Butter in einer Pfanne zerlassen, den Honig, den Zimt und den restlichen Mohn dazugeben und die Nudeln darin schwenken. Die Mohnschupfnudeln auf tiefen Tellern anrichten, nach Belieben mit Puderzucker bestäuben und mit Früchten der Saison garnieren.

SOMETHING SPECIAL

Es stimmt schon: Eigentlich sind Pastagerichte etwas für den Alltag. Aber was spricht dagegen, mit Nudeln ein außergewöhnliches oder festliches Gericht zu kreieren? Gar nichts! Für die kreative Küche sind Nudeln eine tolle Basis. Außerdem macht doch letztlich das »Drumherum« ein superleckeres Nudelgericht aus: Man nehme ein paar gute Zutaten, vermische sie mit ein wenig kreativem Bauchgefühl und runde alles mit einer ordentlichen Portion Liebe ab. Schließlich heißt es ja auch: Nudeln machen glücklich!

Franken

EINE ECHTE POWERMAHLZEIT

Nudelsalat

MIT ROSENKOHL, PARANÜSSEN UND ZITRUSFRÜCHTEN

Zutaten für 4 Personen:

200 g Farfalle (Schmetterlingsnudeln)

Salz

500 g Rosenkohl

je 2 Grapefruits, Mandarinen und Orangen

2 EL Honig

1 EL weißer Aceto balsamico

1 EL Walnussöl

2 EL Olivenöl

100 g Paranüsse (geschält)

Dieser Nord-Süd-Nudelsalat ist nicht nur lecker, sondern auch richtig gesund: Zitrusfrüchte und Rosenkohl sind reich an Vitamin C. Rosenkohl enthält zudem viel Folsäure und Kalium und ist ein guter Lieferant für Magnesium, Eisen und Vitamin A.

1 Die Farfalle nach Packungsanweisung in reichlich kochendem Salzwasser bissfest garen, in ein Sieb abgießen, mit kaltem Wasser abbrausen und abtropfen lassen.

2 Den Rosenkohl putzen und die einzelnen Blätter ablösen. Die Rosenkohlblätter in Salzwasser blanchieren, in ein Sieb abgießen, mit kaltem Wasser abbrausen und abtropfen lassen.

3 Die Zitrusfrüchte so großzügig schälen, dass auch die weiße Haut mit entfernt wird. Die Fruchtfilets aus den Trennhäuten schneiden, dabei den austretenden Saft auffangen. Die Häute auspressen, den Saft durch ein feines Sieb gießen und etwas einkochen lassen.

4 Den eingekochten Zitrussaft mit dem Honig, dem Essig und den beiden Ölen zu einer Vinaigrette verrühren. Die Farfalle mit den Rosenkohlblättern, den Zitrusfilets und der Vinaigrette vermischen und etwa 30 Minuten durchziehen lassen. Die Paranüsse nach Belieben in dünne Scheiben schneiden und unter den Salat mischen. Den Salat nach Belieben mit Orangenzesten und Petersilie garnieren.

ALPHABET FÜR GENIESSER

Buchstabensalat

MIT ARTISCHOCKEN

Zutaten für 4 Personen:

300 g Buchstabennudeln

Salz

4 große Artischocken

je 1 Zweig Rosmarin und Thymian

1 Knoblauchzehe

10 Cocktailtomaten

6 EL Olivenöl

Pfeffer

Saft von 1 Zitrone

1 Dose Thunfisch (im eigenen Saft)

2 EL Pinienkerne

1 EL Senf

2 EL Aceto balsamico

2 EL gehackte Kräuter (z. B. Basilikum, Estragon, Petersilie)

Bitte beim Kauf der Thunfischdosen unbedingt auf den Hinweis »ohne Treibnetze gefangen« achten.

1 Die Buchstabennudeln nach Packungsanweisung in reichlich kochendem Salzwasser bissfest garen, in ein Sieb abgießen, mit kaltem Wasser abbrausen und abtropfen lassen.

2 Von den Artischocken den Stiel abtrennen, die Hüllblätter zu zwei Dritteln abschneiden und die verbleibenden Hüllblätter rund um die Artischockenböden entfernen. Das »Heu« mit einem Teelöffel auslösen. Die restlichen harten Blattansätze von den Böden abschneiden und die Böden in Streifen schneiden. Den Rosmarin und den Thymian waschen und trockenschütteln, den Knoblauch schälen. Die Cocktailtomaten waschen und vierteln.

3 In einer Pfanne 2 EL Öl erhitzen und die Artischockenböden darin etwa 1 Minute anbraten. Den Rosmarin- und den Thymianzweig sowie den Knoblauch dazugeben und 3 bis 4 Minuten mitbraten. Mit Salz und Pfeffer würzen und mit Zitronensaft ablöschen. Die Kräuter und den Knoblauch entfernen.

4 Die Artischocken mit den Tomaten und den Buchstabennudeln in einer Schüssel vermischen. Den Thunfisch in einem Sieb abtropfen lassen, mit einer Gabel zerpflücken und mit den Pinienkernen dazugeben. Den Senf, den Essig und etwas Wasser verrühren. Mit Salz und Pfeffer würzen und das restliche Öl nach und nach unterrühren, bis ein geschmeidiges Dressing entsteht. Den Salat mit dem Dressing vermischen und etwa 30 Minuten durchziehen lassen. Vor dem Servieren die Kräuter darüber streuen.

SCHMECKT EINFACH HERRLICH

Pappardelle

MIT BLUTWURST UND KRÄUTER-CRÈME-FRAÎCHE

Zutaten für 4 Personen:

Für den Nudelteig:

400 g Mehl

4 Eier

1–2 EL Traubenkernöl

Salz

Mehl für die Arbeitsfläche und zum Bestäuben

Außerdem:

1 Apfel

2 Schalotten

16 Trockenpflaumen

400 g Blutwurst

80 g Crème fraîche

Salz

Pfeffer

je 1 Bund Majoran und Petersilie (beides fein gehackt)

2 EL Öl

Am liebsten nehme ich dafür eine weiche Blutwurst mit wenig Fettstücken. Selbstverständlich funktioniert das Gericht auch mit gekauften Pappardelle.

1 Das Mehl auf die Arbeitsfläche sieben und in die Mitte eine Mulde drücken. Die Eier, das Öl und ½ TL Salz in der Mulde verrühren. Nach und nach das Mehl untermischen und alles zu einem geschmeidigen Teig kneten. Den Teig in Frischhaltefolie wickeln und 1 Stunde im Kühlschrank ruhen lassen.

2 Den Nudelteig in 3 Portionen teilen und diese nacheinander auf der bemehlten Arbeitsfläche 2 mm dick ausrollen. Den Teig mit etwas Mehl bestäuben und locker aufrollen. Jede Nudelrolle in 2 cm breite Scheiben schneiden. Oder den Teig mit der Nudelmaschine ausrollen und mit dem entsprechenden Vorsatz Pappardelle schneiden. Die Nudeln als lockere Nester auf einem mit Mehl bestäubten Backblech verteilen und 15 Minuten trocknen lassen.

3 Den Apfel schälen, vierteln, entkernen und in kleine Würfel schneiden. Die Schalotten schälen und in feine Würfel schneiden. Die Trockenpflaumen vierteln. Die Blutwurst in Würfel schneiden. Die Crème fraîche mit Salz, Pfeffer und den Kräutern verrühren.

4 Die Pappardelle in reichlich kochendem Salzwasser 4 bis 5 Minuten garen, in ein Sieb abgießen und abtropfen lassen. Das Öl in einer Pfanne erhitzen und die Schalotten darin andünsten. Die Blutwurst dazugeben und anbraten. Die Äpfel und die Pflaumen hinzufügen und kurz mitbraten. Mit Salz und Pfeffer würzen. Die Pappardelle mit der Blutwurstmasse und der Kräuter-Crème-fraîche auf Tellern anrichten.

EIN HAUCH VON SÜDEN

Marokkanische Meeräsche

AUF SELBST GEMACHTEN TAGLIATELLE

Zutaten für 4 Personen:

Für die Meeräsche:

je 80 g Petersilien- und Korianderblätter

3 Knoblauchzehen (geschält)

1 TL Paprikapulver (edelsüß)

½ TL Kreuzkümmelpulver

1 TL Korianderkörner (geröstet und fein zermahlen)

¼ TL Cayennepfeffer

je 1 EL Orangen- und Zitronensaft

2 EL Olivenöl

4 Meeräschenfilets (à 200 g)

Salz

Pfeffer

Für den Nudelteig:

300 g Mehl

3 Eier

1 EL Olivenöl

Salz

Mehl für die Arbeitsfläche und zum Bestäuben

Diese Marinade eignet sich auch sehr gut, um Lamm oder Hähnchenbrust vor dem Grillen zu marinieren.

1 Petersilie, Koriander, Knoblauch, Gewürze, Zitrussäfte und Öl zu einer Marinade pürieren. Die Meeräschen waschen, trockentupfen, eventuell vorhandene Gräten entfernen und die Haut einritzen. Etwas Marinade beiseite stellen und die Fischfilets auf beiden Seiten mit der restlichen Marinade bestreichen. Mit Frischhaltefolie bedeckt mindestens 1 Stunde im Kühlschrank marinieren lassen.

2 Das Mehl auf die Arbeitsfläche sieben und in die Mitte eine Mulde drücken. Die Eier, das Öl und 1 Prise Salz in der Mulde verrühren. Nach und nach das Mehl untermischen und alles zu einem geschmeidigen Teig kneten. Den Teig in Frischhaltefolie wickeln und 1 Stunde im Kühlschrank ruhen lassen.

3 Den Teig in 3 Portionen teilen und diese nacheinander auf der bemehlten Arbeitsfläche 2 mm dick ausrollen. Den Teig mit etwas Mehl bestäuben, locker aufrollen und in 8 mm breite Scheiben schneiden. Oder den Teig mit der Nudelmaschine ausrollen und mit dem entsprechenden Vorsatz Tagliatelle schneiden. Die Nudeln als lockere Nester auf einem mit Mehl bestäubten Blech verteilen und 15 Minuten trocknen lassen. Den Backofengrill auf der höchsten Stufe vorheizen.

4 Die Meeräschen mit Salz und Pfeffer würzen und mit der Hautseite nach oben unter dem vorgeheizten Grill etwa 5 Minuten braten, dabei einmal wenden. Die Tagliatelle in reichlich kochendem Salzwasser 3 bis 4 Minuten garen, in ein Sieb abgießen und abtropfen lassen. Mit der restlichen Marinade und dem Fisch auf vorgewärmten Tellern anrichten.

ABSOLUT PARTYTAUGLICH!

Feurige Hackspieße

AUF KÜRBIS-ORECCHIETTE

Zutaten für 4 Personen:

3 Knoblauchzehen

3 Schalotten

500 g Rinderhackfleisch (vom Kamm)

1 TL Majoran (getrocknet)

1 TL Kümmelsamen (gemahlen)

Salz

Pfeffer

Cayennepfeffer

Paprikapulver (edelsüß)

1 Butter-Nut-Kürbis (ca. 1 kg)

20 g Ingwer

1 EL Butter

100 ml Weißwein

2 EL Olivenöl

300 g Orecchiette (Öhrchennudeln)

130 g saure Sahne

Edelsüßes Paprikapulver aus Spanien ist zwar leichter erhältlich, nach Möglichkeit sollte man jedoch ungarisches Paprikapulver verwenden. Es hat ein süßes, sonnengereiftes Aroma und eine leuchtende Farbe.

1 Den Knoblauch und 2 Schalotten schälen, in feine Würfel schneiden und mit dem Hackfleisch, dem Majoran, dem Kümmel, 3 TL Salz und je 1 TL Pfeffer, Cayennepfeffer und Paprika im Mixer oder mit dem Stabmixer gründlich vermischen. Die Masse in 8 gleich große Portionen teilen und jede Portion mit angefeuchteten Händen um einen Holzspieß zu einer etwa 20 cm langen Rolle formen.

2 Den Kürbis schälen, entkernen und auf der Gemüsereibe grob raspeln. Die restliche Schalotte und den Ingwer schälen und in feine Würfel schneiden. Die Butter in einer Pfanne zerlassen, die Schalotten und den Ingwer darin andünsten. Die Kürbisraspel dazugeben und mitdünsten. Mit dem Weißwein ablöschen und mit Salz, Pfeffer, Cayennepfeffer und Paprika würzen. Die Kürbisraspel etwa 4 Minuten weich dünsten und warm halten. Den Backofen auf 180 °C vorheizen.

3 Das Öl in einer Pfanne erhitzen und die Hackfleischspieße darin rundum anbraten. Die Spieße in eine Auflaufform legen und im vorgeheizten Ofen auf der mittleren Schiene 10 bis 12 Minuten garen.

4 Die Orecchiette nach Packungsanweisung in reichlich kochendem Salzwasser bissfest garen, in ein Sieb abgießen, abtropfen lassen und mit dem warmen Kürbiskraut vermischen. Die Kürbisnudeln auf vorgewärmte Teller verteilen und die Fleischspieße darauf anrichten. Mit der sauren Sahne garnieren.

EIN AUSFLUG ÜBER DIE ALPEN

Käsespätzle

NACH ITALIENISCHER ART

Zutaten für 4 Personen:

500 g Mehl

7–8 Eier

Salz

Pfeffer

Muskatnuss (frisch gerieben)

2 Schalotten

2 Knoblauchzehen

10 Cocktailtomaten

½ Bund Basilikum

6–10 Sardellenfilets

150 g Parmaschinken oder Salami

50 g Emmentaler oder Edamer

100 g Pecorino oder Parmesan

2 EL Olivenöl

100 g grüne und schwarze Oliven (ohne Stein)

50 g Pinienkerne (geröstet)

Fett für die Form

Käsespätzle als solches finde ich eigentlich unschlagbar. Aber diese Variante ist eine echte Steigerung, quasi der »Ferrari« unter den Käsespätzle-Rezepten. Wer will, kann noch anderes Gemüse untermischen, z. B. Paprika oder Zucchini.

1 Das Mehl und die Eier mit dem Kochlöffel zu einem glatten Teig verrühren und mit 1 TL Salz, Pfeffer und Muskatnuss würzen. Den Teig schlagen, bis Blasen entstehen.

2 Reichlich Salzwasser zum Kochen bringen. Den Teig mit einem Spätzlehobel (Knöpflehobel) oder einer Spätzlepresse portionsweise hineinhobeln bzw. -pressen. Die Spätzle mit einer Schaumkelle herausheben, sobald sie nach oben steigen, mit kaltem Wasser abbrausen und gut abtropfen lassen. Den Backofen auf 180 °C vorheizen.

3 Die Schalotten und den Knoblauch schälen und in feine Würfel schneiden. Die Cocktailtomaten waschen und vierteln. Das Basilikum waschen und trockenschütteln, die Blätter abzupfen und in feine Streifen schneiden. Die Sardellen fein hacken. Den Parmaschinken oder die Salami in feine Streifen schneiden. Den Käse fein reiben und vermischen.

4 Das Öl in einer Pfanne erhitzen und die Schalotten darin andünsten. Die Tomaten dazugeben und kurz mitdünsten. Das Basilikum, die Sardellen, den Parmaschinken oder die Salami, den Knoblauch, die Oliven und die Pinienkerne hinzufügen und kurz anbraten. Die Spätzle untermischen und erwärmen.

5 Eine Auflaufform einfetten, eine Schicht Spätzle hineingeben und mit etwas Käsemischung bestreuen. So weiterverfahren, bis Spätzle und Käse aufgebraucht sind. Die Käsespätzle im vorgeheizten Ofen auf der mittleren Schiene etwa 20 Minuten goldbraun backen.

LECKERBISSEN VOM CHRISTKIND

Weihnachtsnudeln

MIT MANDARINEN UND HÄHNCHENBRUST

Zutaten für 4 Personen:

400 g Lasagneplatten

Salz

4 Mandarinen

400 g Hähnchenbrust

1 rote Zwiebel

½ Bund Rosmarin

Pfeffer

Mehl

2 EL Öl

2 EL Grand Marnier (Orangenlikör)

4 EL Crème fraîche

2–3 EL Walnuss-Pesto (Rezept Seite 17)

1 Die Lasagneplatten nach Packungsanweisung in reichlich kochendem Salzwasser bissfest garen, in ein Sieb abgießen, abtropfen lassen und auf einem Küchentuch nebeneinander auslegen.

2 Die Mandarinen schälen und die Fruchtfilets aus den Trennhäuten schneiden. Die Hähnchenbrust waschen, trockentupfen und in dünne Streifen schneiden. Die Zwiebel schälen und in feine Würfel schneiden. Den Rosmarin waschen und trockenschütteln.

3 Das Fleisch mit Salz und Pfeffer würzen und mit Mehl bestäuben. Das Öl in einer Pfanne erhitzen, das Fleisch mit den Zwiebeln und dem Rosmarin darin rundum anbraten. Mit dem Grand Marnier ablöschen und einkochen lassen. Den Rosmarin entfernen.

4 Aus den Lasagneplatten mit einem Plätzchenausstecher Weihnachtsmotive (z. B. Sterne) ausschneiden. Die Crème fraîche und die Mandarinenfilets zum Hähnchenfleisch geben und mit Salz und Pfeffer abschmecken. Die Nudeln untermischen und kurz erwärmen. Die Weihnachtsnudeln mit dem Pesto auf vorgewärmten Tellern servieren.

Für die Weihnachts- und Winterzeit genau das Richtige, weil es ein leichter Ausgleich zu Plätzchen und Stollen ist.

DA KOMMT FREUDE AUF

Faschingsfarfalle

MIT KONFETTI-GEMÜSE

Zutaten für 4 Personen:

je 100 g gelbe, rote und grüne Farfalle (Schmetterlingsnudeln)

Salz

je 1 gelbe, rote und grüne Paprikaschote

1 Zwiebel

2 EL Olivenöl

¼ l Tomatensaft

Pfeffer

Zucker

125 g Mozzarella

2 Stiele Basilikum

1 Die Farfalle nach Packungsanweisung in reichlich kochendem Salzwasser bissfest garen, in ein Sieb abgießen und abtropfen lassen.

2 Die Paprika halbieren, entkernen, waschen und in kleine Würfel schneiden. Die Zwiebel schälen und in feine Würfel schneiden. Das Öl in einer Pfanne erhitzen und die Zwiebeln darin andünsten. Die Paprika dazugeben und kurz mitdünsten. Den Tomatensaft dazugießen und mit Salz, Pfeffer und Zucker würzen. Die Sauce bei schwacher Hitze köcheln lassen, bis die Paprikawürfel weich sind.

3 Den Mozzarella in kleine Würfel schneiden. Das Basilikum waschen und trockenschütteln, die Blätter abzupfen und in feine Streifen schneiden. Die Farfalle in die Paprikasauce geben und kurz erwärmen. Den Käse untermischen. Die Faschingfarfalle auf vorgewärmten Tellern anrichten und mit dem Basilikum bestreuen.

Das einzige Konfetti, über das man sich beim Putzen nicht ärgern muss!

NUR EIN WORT: HIMMLISCH!

Sauerkraut-Fazzoletti

MIT ENTENBRUST UND TROCKENPFLAUMEN

Zutaten für 4 Personen:

300 g Sauerkraut (aus der Dose)

1/4 l Weißwein

Salz

Zucker

10 Trockenpflaumen

3 EL Crème fraîche

2 EL Walnusskerne

2 geräucherte Entenbrüste (à ca. 300 g)

16 Lasagneplatten

2 EL Butter

1 TL Schnittlauch (in Röllchen)

Anstelle von geräucherter Entenbrust kann man auch geräucherten Schinken (z. B. Parmaschinken) nehmen. Optisch noch einen Tick auffälliger wird das Gericht, wenn man aus den Lasagneplatten Kreise aussticht.

1 Das Sauerkraut mit dem Weißwein aufkochen und mit Salz und Zucker würzen. Die Trockenpflaumen fein hacken, mit der Crème fraîche dazugeben und das Sauerkraut bei schwacher Hitze weich schmoren. Den Backofen auf 160 °C vorheizen. Ein Backblech mit Backpapier auslegen.

2 Die Walnüsse ohne Fett in einer Pfanne rösten und grob hacken. Die Entenbrüste in Scheiben schneiden, auf das Blech legen und im vorgeheizten Ofen auf der mittleren Schiene etwa 5 Minuten erwärmen.

3 Die Lasagneplatten nach Packungsanweisung in reichlich kochendem Salzwasser bissfest garen und in ein Sieb abgießen. Die tropfnassen Nudelplatten mit 1 EL Butter auf der ausgeschalteten Herdplatte zugedeckt warm halten. Die restliche Butter zerlassen und die Walnüsse darin erwärmen. Den Schnittlauch unter das Sauerkraut mischen.

4 Auf 4 vorgewärmte Teller jeweils 1 Nudelplatte setzen, etwas Sauerkraut darauf verteilen, ein paar Scheiben Entenbrust darauf legen und mit 1 Nudelplatte bedecken.
Den Vorgang zweimal wiederholen. Die warmen Walnüsse darüber streuen und die Fazzoletti nach Belieben mit Trockenpflaumen und Petersilie garnieren.

NICHTS IST UNMÖGLICH

Makkaroni-Pizza

MIT SALAMI UND MOZZARELLA

Zutaten für 4 Personen:

400 g Makkaroni (lange Röhrennudeln)

Salz

2 Eigelb

100 g Sahne

100 g Mozzarella

1 Zwiebel

2 Knoblauchzehen

1 EL Olivenöl

1 kleine Dose Tomaten (400 g)

Pfeffer

100 g Salami (in Scheiben)

100 g grüne und schwarze Oliven

ca. 20 Basilikumblätter

2 EL Parmesan (gerieben)

Not macht erfinderisch: Ich hatte die Hefe für den Pizzateig vergessen, wollte aber unbedingt Pizza essen. So ist schließlich dieses Rezept entstanden!

1 Die Makkaroni nach Packungsanweisung in reichlich kochendem Salzwasser bissfest garen, in ein Sieb abgießen, kalt abbrausen und abtropfen lassen. Die Nudeln auf einem Küchentuch ausbreiten und trockentupfen.

2 Den Backofen auf 200 °C vorheizen. 2 Backbleche oder 4 Pizzaformen mit Backpapier auslegen und mit den Makkaroni 4 tellergroße Kreise auslegen. Das Eigelb mit der Sahne verquirlen und die Mischung über die Makkaroni gießen. Die Nudelkreise im vorgeheizten Ofen auf der mittleren Schiene 3 Minuten backen.

3 Den Mozzarella in Scheiben schneiden. Die Zwiebel und den Knoblauch schälen und in feine Würfel schneiden. Das Öl in einer Pfanne erhitzen, die Zwiebeln und den Knoblauch darin andünsten. Die Tomaten dazugeben und mit einer Gabel leicht zerdrücken. Die Tomatensauce mit Salz und Pfeffer würzen und sämig einkochen lassen.

4 Die vorgebackenen Makkaroni-Kreise mit der Tomatensauce bestreichen und mit Salami, Mozzarella, Oliven und Basilikum belegen. Den Parmesan darüber streuen. Die Pizzen im vorgeheizten Ofen auf der mittleren Schiene etwa 10 Minuten backen.

WER WAGT, GEWINNT!

Spaghettini-Buletten

MIT KABELJAU UND TOMATENRAGOUT

Zutaten für 4 Personen:

je ½ Bund Thymian und Petersilie

1 Zweig Rosmarin

300 g Kabeljaufilet

Salz

Pfeffer

1 EL Butter

2 Lorbeerblätter

2 Schalotten

2 Knoblauchzehen

6 Fleischtomaten

ca. 9 EL Olivenöl

Zucker

400 g Spaghettini

1 Ei

Zu den Spaghettini-Buletten passt auch das Basilikum-Pesto von Seite 16 oder eine Tapenade aus schwarzen Oliven.

1 Den Thymian, die Petersilie und den Rosmarin waschen und trockenschütteln. 2 Thymianzweige beiseite legen, die restlichen Kräuterblätter bzw. -nadeln abzupfen und fein hacken. Den Kabeljau waschen, trockentupfen und eventuell vorhandene Gräten entfernen. Mit Salz und Pfeffer würzen und in einer Pfanne mit der Butter, den Thymianzweigen, den Lorbeerblättern und 1 Tasse Wasser bei schwacher Hitze etwa 10 Minuten köcheln lassen. Herausnehmen und abkühlen lassen.

2 Die Schalotten und den Knoblauch schälen und in feine Würfel schneiden. Die Tomaten waschen, vierteln, entkernen und in kleine Würfel schneiden. 1 EL Öl in einer Pfanne erhitzen, die Schalotten und den Knoblauch darin andünsten. Die Tomaten dazugeben und bei schwacher Hitze 10 Minuten köcheln lassen. Mit Salz, Pfeffer und Zucker würzen und die Hälfte der gehackten Kräuter untermischen. Das Tomatenragout warm halten.

3 Die Spaghettini nach Packungsanweisung in reichlich kochendem Salzwasser bissfest garen, in ein Sieb abgießen und abtropfen lassen. Den Kabeljau mit einer Gabel zerpflücken und in einer Schüssel mit den restlichen Kräutern, dem Ei und 5 EL Öl vermischen. Die Masse mit Salz und Pfeffer würzen.

4 Die Spaghettini unter die Fischmasse mischen und mit einer Gabel zu kleinen Nestern aufrollen. Das restliche Öl portionsweise in einer beschichteten Pfanne erhitzen und die Nester darin zu Buletten braten. Auf Küchenpapier abtropfen lassen und mit dem Tomatenragout anrichten.

IMMER EINE SÜNDE WERT

Schokoladennudeln

MIT ERDBEER-PAPRIKA-MARMELADE

Zutaten für 4 Personen:

250 g Mehl

4 Eier

1 EL Puderzucker

100 g Kakaopulver

1 kg Erdbeeren

2 rote Paprikaschoten

1 rote Chilischote

je 50 g Zucker und Gelierzucker (1:3)

Salz

Pfeffer

Mehl für die Arbeitsfläche und zum Bestäuben

4–5 EL heiße Butter

Wer will, kann die Schokonudeln noch mit Orangenfilets garnieren. Superlecker dazu schmeckt Vanilleeis.

1 Das Mehl auf die Arbeitsfläche sieben und in die Mitte eine Mulde drücken. Die Eier, den Puderzucker, den Kakao und 1 bis 2 EL Wasser in der Mulde verrühren. Nach und nach das Mehl untermischen und alles zu einem geschmeidigen Teig kneten. Den Teig in Frischhaltefolie wickeln und 1 Stunde im Kühlschrank ruhen lassen.

2 Die Erdbeeren waschen, putzen und in kleine Würfel schneiden. Die Paprika mit dem Sparschäler dünn schälen, halbieren, entkernen, waschen und ebenfalls in kleine Würfel schneiden. Die Chilischote halbieren, entkernen, waschen und in feine Würfel schneiden.

3 Den Zucker in einem großen Topf karamellisieren. Die Erdbeeren, die Paprika, die Chilis, den Gelierzucker, 1 Prise Salz und Pfeffer dazugeben und bei mittlerer Hitze unter Rühren zu Marmelade einkochen lassen.

4 Den Nudelteig auf der bemehlten Arbeitsfläche 2 mm dick ausrollen. Mit etwas Mehl bestäuben, aufrollen und in etwa 5 mm breite Scheiben schneiden. Oder den Teig mit der Nudelmaschine ausrollen und mit dem entsprechenden Vorsatz Nudeln der gewünschten Breite schneiden. Die Nudeln als lockere Nester auf einem mit Mehl bestäubten Blech verteilen und 15 Minuten trocknen lassen.

5 Die Schokonudeln in reichlich kochendem, leicht gesalzenem Wasser 4 bis 5 Minuten garen, in ein Sieb abgießen, abtropfen lassen und in der heißen Butter schwenken. Mit der Erdbeer-Paprika-Marmelade anrichten.

ACHTUNG: SUCHTGEFAHR!

Süße Sesam-Garnelen

AUF ORANGENNUDELN

Zutaten für 4 Personen:

Für die Garnelen:

2 Zweige Thymian

1 Knoblauchzehe

je 1 EL weiße und schwarze Sesamkörner

1 EL Sesamöl

1 EL Sojasauce

1 EL Sake (Reiswein)

20 Riesengarnelen (mit Schale)

Salz

Pfeffer

Für die Orangennudeln:

½ l Orangensaft

80 g Butter

6 Feigen

3 Orangen

350 g Fettuccine (schmale Bandnudeln)

Salz

1 Den Thymian waschen, trockenschütteln und die Blätter abzupfen. Den Knoblauch schälen und in feine Würfel schneiden. Beides mit dem Sesam, dem Sesamöl, der Sojasauce und dem Reiswein zu einer Marinade verrühren.

2 Die Garnelen waschen, trockentupfen und in der Marinade wenden. Jeweils 5 Garnelen auf 1 Holzspieß stecken, mit Frischhaltefolie bedecken und 2 Stunden im Kühlschrank durchziehen lassen.

3 Den Orangensaft auf 200 ml einkochen lassen, die kalte Butter in Flöckchen dazugeben und rühren, bis sie sich aufgelöst hat. Die Feigen waschen, trockentupfen, achteln und in den Orangenfond geben. Die Orangen so großzügig schälen, dass auch die weiße Haut mit entfernt wird. Die Fruchtfilets aus den Trennhäuten schneiden. Den Backofengrill auf der höchsten Stufe vorheizen.

4 Die Fettuccine nach Packungsanweisung in reichlich kochendem Salzwasser bissfest garen, in ein Sieb abgießen und abtropfen lassen. Mit den Orangenfilets zu den Feigen in den Fond geben.

5 Die Garnelenspieße mit Salz und Pfeffer würzen und unter dem vorgeheizten Grill auf der mittleren Schiene 3 Minuten garen, bis die Schale der Garnelen rosa und das Fleisch fest wird. Dabei einmal wenden.

6 Die Orangennudeln mit den Früchten auf vorgewärmte Teller verteilen und die Garnelenspieße darauf anrichten.

SPANNEND, NICHT WAHR?

Schokoladenravioli

MIT AVOCADO UND MANGO-CHILI-JOGHURT

Zutaten für 4 Personen:

Für den Nudelteig:

300 g Mehl

4 Eier

1 Eigelb

50 g Kakaopulver

Salz

Mehl für die Arbeitsfläche

Zucker

Für die Füllung:

12 Garnelen (kuchenfertig)

3 EL Olivenöl

1 reife Avocado

Saft von 1 Zitrone

Salz

Pfeffer

Für den Mango-Chili-Joghurt:

1 Mango

125 g Naturjoghurt

Chilipulver

Außerdem:

100 g Butter

1 Das Mehl auf die Arbeitsfläche sieben und in die Mitte eine Mulde drücken. 3 Eier, das Eigelb, den Kakao und 1 Prise Salz in der Mulde verrühren. Nach und nach das Mehl untermischen und alles zu einem geschmeidigen Teig kneten. In Frischhaltefolie wickeln und 1 Stunde im Kühlschrank ruhen lassen.

2 Die Garnelen waschen und trockentupfen. 8 Garnelen in Würfel schneiden und in 2 EL Öl anbraten. Avocado halbieren und den Stein entfernen. Die Hälften schälen, in Würfel schneiden und zu den Garnelenwürfeln geben. Mit Zitronensaft, Salz und Pfeffer würzen.

3 Die Mango schälen, das Fruchtfleisch zuerst vom Stein und dann in kleine Würfel schneiden. Mangowürfel und Joghurt mit dem Stabmixer pürieren und mit Chili würzen.

4 Den Nudelteig auf der bemehlten Arbeitsfläche etwa 2 mm dick ausrollen. Auf eine Teighälfte im Abstand von 5 cm kleine Häufchen der Garnelenmasse setzen. Das restliche Ei verquirlen und die Zwischenräume damit bestreichen. Die andere Teighälfte locker über die Füllung klappen. Den Teig zwischen den Häufchen andrücken und Quadrate ausschneiden.

5 Die restlichen Garnelen mit Salz und Pfeffer würzen und im restlichen Öl etwa 5 Minuten braten. Die Ravioli in reichlich kochendem, leicht gezuckertem Wasser bei schwacher Hitze 3 bis 4 Minuten gar ziehen lassen. Herausheben und in der zerlassenen Butter schwenken. Die Ravioli mit den Garnelen und dem Mango-Chili-Joghurt anrichten.

NASCHEN ERLAUBT

Bananen-Cannelloni

MIT LITSCHIS UND KOKOSMILCH

Zutaten für 4 Personen:

Für die Cannelloni:

8 runde Reispapierblätter (ca. 20 cm Ø)

400 g Litschis (aus der Dose)

½ Bund Minze

4 EL Cashewkerne

3 Bananen

Saft von 1 Zitrone

4 EL Kokosraspel

2 EL Honig

Fett für die Form

Für die Sauce:

1 Vanilleschote

1 EL Butter

1 EL Mehl

¼ l Kokosmilch

¼ l Milch

3 EL weißer Zucker

2 EL brauner Zucker

Wer das Rezept variieren möchte, kann die Bananen-Litschi-Masse auch abwechselnd mit 6 bis 8 gegarten Lasagneplatten in die Form schichten.

1 Die Reispapierblätter zwischen 2 feuchte Küchentücher legen, bis sie weich werden.

2 Die Litschis in ein Sieb abgießen und abtropfen lassen, dabei den Saft auffangen. Die Früchte vierteln. Die Minze waschen und trockenschütteln, die Blätter abzupfen und fein hacken. Die Cashewkerne grob hacken.

3 Die Bananen schälen und mit dem Zitronen- und etwas Litschisaft mit dem Stabmixer fein pürieren. Das Bananenpüree mit den Litschis, den Cashewkernen und der Minze vermischen. Die Kokosraspel und den Honig unterrühren.

4 Eine Auflaufform einfetten. Die Masse auf den Reispapierblättern verteilen und die Seiten einschlagen. Die Reispapierblätter zu Cannelloni rollen und in die Form legen. Den Backofen auf 200 °C vorheizen.

5 Die Vanilleschote längs aufschneiden und das Mark mit einem kleinen Messer herauskratzen. Die Butter zerlassen und das Mehl darin anschwitzen. Die Kokosmilch, die Milch, die Vanilleschote und das -mark unterrühren und die Sauce unter Rühren bei schwacher Hitze etwa 5 Minuten köcheln lassen.

6 Die Vanilleschote entfernen und den weißen Zucker unterrühren. Die Sauce über die Cannelloni gießen, den braunen Zucker darüber streuen und die Cannelloni im vorgeheizten Ofen auf der mittleren Schiene etwa 25 Minuten backen. Die Cannelloni nach Belieben mit Litschis und Physalis servieren.

Rezeptregister

RALF SAGT DANKE

Und wieder mal zum Schluss:
Mein DANKESGRUSS!
An alle, die hinter, vor, neben und vor allem zu mir stehen!

Dieses Mal zu allererst: 1000 Dank an Pro Sieben, wo viele liebe Menschen hinter meiner Kochshow stehen. Auch an die Produktion von Endemol ein herzliches »Dankeschön«.
Vielen Dank an Wolfgang Müller und Torsten Lehmann, zwei Köche, die in meinem Leben eine große Rolle spielen und bei diesem Buch tatkräftig mitgeholfen haben.
Vielen, vielen Dank auch an »Flo«, Florian Bolk, für seine tollen Fotos.

Ein dickes »Dankeschön« an meine Freundin, die Ulli, die inzwischen weiß: »Moderatoren« haben auch nicht mehr Zeit als Köche. Aber sie weiß auch ganz genau, dass sie die Hauptrolle in meinem Leben spielt.
Von ganzem Herzen danke ich Manuela Ferling, meiner Managerin und guten Freundin, die in allen Höhen und Tiefen stets an meiner Seite ist.
Ebenso ein großes »Dankeschön« an das Team des Verlags Zabert Sandmann, das dieses zweite Buch mit mir gemacht hat.
Und zu guter Letzt natürlich ein riesiges »Danke« an die Zuschauer meiner Sendung – denn was wäre ich schon ohne sie?